SAECULUM AUGUSTUM

TEXT

Herausgegeben von
Dr. Max Carstenn

FERDINAND

INHALT.

Seite

Vorwort 3

A. AUGUSTUS

1. Monumentum Ancyranum 5
2. Sueton: Augustus 27
3. Briefe des Augustus
   a) an C. Caesar 63
   b) an Tiberius 64
4. Augustus - Σεβαστός: Recht und Frieden auf Erden
   a) Inschrift von Olympia 65
   b) Inschrift von Halikarnaß 66
   c) Inschrift von Philai 66
   d) Inschrift von Kos 67
   e) Anthologia Palatina VI 236 67
   f) Velleius II 89 67
   g) Ara Pacis 68
5. Pater Patriae 68
6. Der Tempel Apolls 69
7. Augustum saeculum
   a) Livius I 1 70
   b) Ovid, ars amatoria III 113 72

B. MAECENAS 73

C. AGRIPPA 77

ZEITTAFEL 80

ISBN: 3-506-10722-4

VORWORT

Die unter dem Namen „Saeculum Augustum" vereinigten Texte wollen ein quellenmäßiges Bild des Augusteischen Zeitalters vermitteln. Die führenden Persönlichkeiten dieser Zeit sollen in ihrem Werk und Wirken, wie es sich in ihrem eigenen Zeugnis und in der Beurteilung durch Zeitgenossen und Nachwelt darstellt, lebendig werden. Neben dem rein sachlichen Kennenlernen der Zustände und Entwicklungen sollen die Ideen und Wertvorstellungen, die diese Zeit prägten, deutlich werden. Es seien hier genannt die Romidee und die Idee der Pax Augustea.

Einander ergänzend, stehen lateinische und griechische Quellen zusammen. Die Auswahl wurde mitbestimmt durch äußere Rücksichten; gar nicht zu Worte kommen Vergil, Horaz und Tacitus: sie muß die Schule als Persönlichkeiten im ganzen würdigen, und dafür stehen andere Ausgaben zur Verfügung. Mehrere der hier vorgelegten Texte erscheinen zum ersten Male in einer Schulausgabe. Die wissenschaftliche Literatur wurde in weitem Umfange genutzt.

Dransfeld **Max Carstenn**

A.
AUGUSTUS.

1. MONUMENTUM ANCYRANUM.

Rerum gestarum divi Augusti, quibus orbem terrarum imperio populi Romani subiecit, et inpensarum, quas in rem publicam populumque Romanum fecit, incisarum in duabus aheneis pilis, quae sunt Romae positae, exemplar subiectum.

I. 1. Annos undeviginti natus exercitum privato consilio et privata impensa comparavi, per quem rem publicam a dominatione factionis oppressam in libertatem vindicavi. Eo nomine senatus decretis honorificis in ordinem suum me adlegit C. Pansa et A. Hirtio consulibus, consularem locum sententiae dicendae simul dans, et imperium mihi dedit. Res publica ne quid acciperet damnum, tum a me pro praetore simul

---

Μεθηρμηνευμέναι ὑπεγράφησαν πράξεις τε καὶ δωρεαὶ Σεβαστοῦ θεοῦ, ἃς ἀπέλιπεν ἐπὶ Ῥώμης ἐνκεχαραγμένας χαλκαῖς στήλαις δυσί.

1. Ἐτῶν δεκαεννέα ὢν τὸ στράτευμα ἐμῆι γνώμηι καὶ ἐμοῖς ἀναλώμασιν ἡτοίμασα, δι' οὗ τὰ κοινὰ πράγματα ἐκ τῆς τῶν συνομοσαμένων δουλήας ἠλευθέρωσα. Ἐφ' οἷς ἡ σύνκλητος ἐπαινέσασά με ψηφίσμασι προσκατέλεξε τῆι βουλῆι Γαΐωι Πάνσαι Αὔλωι Ἱρτίωι ὑπάτοις, ἐν τῆι τάξει τῶν ὑπατικῶν ἅμα τὸ συμβουλεύειν δοῦσα, ῥάβδους τ' ἐμοὶ ἔδωκεν. Περὶ τὰ δημόσια πράγματα μή τι βλαβῆι, ἐμοὶ μετὰ τῶν ὑπάτων προνοεῖν ἐπέτρεψεν ἀντὶ στρατηγοῦ

cum consulibus providendum censuit. Populus autem eodem anno me consulem, cum consul uterque in bello 19.8. cecidisset, et trium virum rei publicae constituendae 27.11 creavit.

2. Qui parentem meum trucidaverunt, eos in exilium expuli iudiciis legitimis ultus eorum facinus, et postea bellum inferentis rei publicae vici bis acie. 42

3. Bella terra et mari civilia externaque toto in orbe terrarum saepe gessi victorque omnibus veniam petentibus civibus peperci. Externas gentes, quibus tuto ignosci potuit, conservare quam excidere malui. Millia civium Romanorum adacta sacramento meo fuerunt circiter quingenta. Ex quibus deduxi in colonias aut remisi in municipia sua stipendis emeritis millia aliquanto plura quam trecenta et iis omnibus agros ad-

ὄντι. Ὁ δὲ δῆμος τῶι αὐτῶι ἐνιαυτῶι, ἀμφοτέρων τῶν ὑπάτων ἐν πολέμωι πεπτωκότων, ἐμὲ ὕπατον ἀπέδειξεν καὶ τὴν τῶν τριῶν ἀνδρῶν ἔχοντα ἀρχὴν ἐπὶ τῆι καταστάσει τῶν δημοσίων πραγμάτων εἵλατο.

2. Τοὺς τὸν πατέρα τὸν ἐμὸν φονεύσαντας ἐξώρισα κρίσεσιν ἐνδίκοις τειμωρησάμενος αὐτῶν τὸ ἀσέβημα καὶ μετὰ ταῦτα αὐτοὺς πόλεμον ἐπιφέροντας τῆι πατρίδι δὶς ἐνείκησα παρατάξει.

3. Πολέμους καὶ κατὰ γῆν καὶ κατὰ θάλασσαν ἐμφυλίους καὶ ἐξωτικοὺς ἐν ὅληι τῆι οἰκουμένηι πολλάκις ἐποίησα, νεικήσας τε πάντων ἐφεισάμην τῶν ἱκετῶν πολειτῶν. Τὰ ἔθνη, οἷς ἀσφαλὲς ἦν συνγνώμην ἔχειν, ἔσωσα μᾶλλον ἢ II ἐξέκοψα. Μυριάδες Ῥωμαίων στρατεύσασαι ὑπὸ τὸν ὅρκον τὸν ἐμὸν ἐγένοντο ἐνγὺς πεντήκοντα· ἐξ ὧν κατήγαγον εἰς τὰς ἀποικίας ἢ ἀπέπεμψα εἰς τὰς ἰδίας πόλεις ἐκλυομένας μυριάδας πολλῶι πλείους ἢ τριάκοντα, καὶ πάσαις αὐταῖς ἢ ἀγροὺς ἐμέρισα ἢ χρήματα τῆς στρατείας

signavi aut pecuniam pro praemis militiae dedi. Naves cepi sescentas praeter eas, si quae minores quam triremes fuerunt. 4. Bis ovans triumphavi et tris egi curulis triumphos et appellatus sum viciens et semel imperator. Decernente pluris triumphos mihi senatu quater omnibus supersedi. Laurum de fascibus deposui in Capitolio, votis, quae quoque bello nuncupaveram, solutis. Ob res a me aut per legatos meos auspicis meis terra marique prospere gestas quinquagiens et quinquiens decrevit senatus supplicandum esse dis immortalibus. Dies autem, per quos ex senatus consulto supplicatum est, fuere DCCCLXXXX. In triumphis meis ducti sunt ante currum meum reges aut regum liberi novem. 2 Consul fueram ter deciens, cum scripsi haec, eramque 14 n. septimum et tricensimum tribuniciae potestatis.

δωρεὰν ἔδωκα. Ναῦς δὲ εἷλον ἑξακοσίας πλὴν τούτων, εἴ τινες ἥσσονες ἐγένοντο ἢ τριήρεις.
4. Δὶς ἐπὶ κέλητος ἐθριάμβευσα, τρὶς ἐφ' ἅρματος. Εἰκοσάκις καὶ ἅπαξ προσηγορεύθην αὐτοκράτωρ. Τῆς συνκλήτου πλείους θριάμβους τετράκις ψηφισαμένης, πάντας παρῃτησάμην καὶ ἀπὸ τῶν ῥάβδων τὴν δάφνην κατέστησα ἐν τῶι Καπιτωλίωι, τὰς εὐχάς, ἃς ἐν ἑκάστωι τῶι πολέμωι ἐποιησάμην, ἀποδούς. Διὰ τὰ πράγματα, ἃ ἢ αὐτὸς ἢ διὰ τῶν πρεσβευτῶν τῶν ἐμῶν αἰσίοις οἰωνοῖς καὶ κατὰ γῆν καὶ κατὰ θάλατταν κατώρθωσα, πεντηκοντάκις καὶ πεντάκις ἐψηφίσατο ἡ σύνκλητος θεοῖς δεῖν θύεσθαι. Ἡμέραι οὖν αὗται ἐκ συνκλήτου δόγματος ἐγένοντο ὀκτακόσιαι ἐνενήκοντα. Ἐν τοῖς ἐμοῖς θριάμβοις πρὸ τοῦ ἐμοῦ ἅρματος βασιλεῖς ἢ βασιλέων παῖδες παρήχθησαν ἐννέα. Ὑπάτευον τρὶς καὶ δέκατον, ὅτε ταῦτα ἔγραφον, καὶ ἤμην τριακοστὸν καὶ ἕβδομον δημαρχικῆς ἐξουσίας.

5. Dictaturam et absenti et praesenti mihi delatam et a populo et a senatu M. Marcello et L. Arruntio consulibus non recepi. Non sum deprecatus in summa frumenti penuria curationem annonae, quam ita administravi, ut intra dies paucos metu et periclo praesenti civitatem universam liberarem impensa et cura mea. Consulatum quoque tum annuum et perpetuum mihi delatum non recepi. 6. Consulibus M. Vinucio et Q. Lucretio et postea P. Lentulo et Cn. Lentulo et tertium Paullo Fabio Maximo et Q. Tuberone senatu populoque Romano consentientibus ut curator legum et morum summa potestate solus crearer, magistratum nullum contra mores maiorum delatum recepi. Quae tum per me fieri senatus voluit, per tribuniciam potestatem perfeci.

III 5. Αὐτεξούσιόν μοι ἀρχὴν καὶ ἀπόντι καὶ παρόντι διδομένην ὑπό τε τοῦ δήμου καὶ τῆς συνκλήτου Μάρκωι Μαρκέλλωι καὶ Λευκίωι Ἀρρουντίωι ὑπάτοις οὐκ ἐδεξάμην. Οὐ παρῃτησάμην ἐν τῆι μεγίστηι τοῦ σείτου σπάνει τὴν ἐπιμέλειαν τῆς ἀγορᾶς, ἣν οὕτως ἐπετήδευσα, ὥστ' ἐν ὀλίγαις ἡμέραις τοῦ παρόντος φόβου καὶ κινδύνου ταῖς ἐμαῖς δαπάναις τὸν δῆμον ἐλευθερῶσαι. Ὑπατείαν τέ μοι τότε διδομένην καὶ ἐνιαύσιον καὶ διὰ βίου οὐκ ἐδεξάμην.

6. Ὑπάτοις Μάρκωι Οὐινουκίωι καὶ Κοίντωι Λουκρητίωι καὶ μετὰ ταῦτα Ποπλίωι καὶ Ναίωι Λέντλοις καὶ τρίτον Παύλλωι Φαβίωι Μαξίμωι καὶ Κοίντωι Τουβέρωνι τῆς τε συνκλήτου καὶ τοῦ δήμου τοῦ Ῥωμαίων ὁμολογούντων, ἵνα ἐπιμελητὴς τῶν τε νόμων καὶ τῶν τρόπων ἐπὶ τῆι μεγίστηι ἐξουσίαι μόνος χειροτονηθῶ, ἀρχὴν οὐδεμίαν παρὰ τὰ πάτρια ἔθη διδομένην ἀνεδεξάμην· ἃ δὲ τότε δι' ἐμοῦ ἡ σύνκλητος οἰκονομεῖσθαι ἐβούλετο, τῆς δημαρχικῆς ἐξουσίας ὢν ἐτέλεσα. Καὶ ταύτης αὐτῆς τῆς

Cuius potestatis conlegam et ipse ultro quinquiens a senatu depoposci et accepi.

7. Triumvirum rei publicae constituendae fui per continuos annos decem. Princeps senatus usque ad eum diem, quo scripseram haec, per annos quadraginta fui. Pontifex maximus, augur, quindecimvirum sacris faciundis, septemvirum epulonum, frater arvalis, sodalis Titius, fetialis fui.

II. 8. Patriciorum numerum auxi consul quintum iussu populi et senatus. Senatum ter legi et in consulatu sexto censum populi conlega M. Agrippa egi. Lustrum post annum alterum et quadragensimum feci. Quo lustro civium Romanorum censa sunt capita quadragiens centum millia et sexaginta tria millia. Tum autem consulari cum imperio lustrum solus feci C. Censorino et C. Asinio consulibus. Quo lustro censa

ἀρχῆς συνάρχοντα αὐτὸς ὑπὸ τῆς συνκλήτου πεντάκις αἰτήσας ἔλαβον.

7. Τριῶν ἀνδρῶν ἐγενόμην δημοσίων πραγμάτων IV κατορθωτὴς συνεχέσιν ἔτεσιν δέκα. Πρῶτον ἀξιώματος τόπον ἔσχον τῆς συνκλήτου ἄχρι ταύτης τῆς ἡμέρας, ἧς ταῦτα ἔγραφον, ἐπὶ ἔτη τεσσαράκοντα. Ἀρχιερεύς, αὔγουρ, τῶν δεκαπέντε ἀνδρῶν τῶν ἱεροποιῶν, τῶν ἑπτὰ ἀνδρῶν ἱεροποιῶν, ἀδελφὸς ἀρουᾶλις, ἑταῖρος Τίτιος, φητιᾶλις.

8. Τῶν πατρικίων τὸν ἀριθμὸν εὔξησα πέμπτον ὕπατος ἐπιταγῆι τοῦ τε δήμου καὶ τῆς συνκλήτου. Τὴν σύνκλητον τρὶς ἐπέλεξα. Ἕκτον ὕπατος τὴν ἀποτείμησιν τοῦ δήμου συνάρχοντα ἔχων Μᾶρκον Ἀγρίππαν ἔλαβον, ἥτις ἀποτείμησις μετὰ δύο καὶ τεσσαρακοστὸν ἐνιαυτὸν συνεκλείσθη. Ἐν ἧι ἀποτειμήσει Ῥωμαίων ἐτειμήσαντο κεφαλαὶ τετρακόσιαι ἑξήκοντα μυριάδες καὶ τρισχίλιαι. Δεύτερον ἐν ὑπατικῆι ἐξουσίαι μόνος Γαΐωι Κηνσωρίνωι καὶ Γαΐωι Ἀσινίωι ὑπάτοις τὴν ἀποτείμησιν ἔλαβον· ἐν ἧι ἀποτειμήσει

sunt civium Romanorum capita quadragiens centum millia et ducenta triginta tria millia. Et tertium consulari cum imperio lustrum conlega Tib. Caesare filio meo feci Sex. Pompeio et Sex. Appuleio consulibus. 14 n. Quo lustro censa sunt civium Romanorum capitum quadragiens centum millia et nongenta triginta et septem millia. Legibus novis me auctore latis multa exempla maiorum, exolescentia iam ex nostro saeculo, reduxi et ipse multarum rerum exempla imitanda posteris a me tradidi.

9. Vota pro valetudine mea suscipi per consules et sacerdotes quinto quoque anno senatus decrevit. Ex iis votis saepe fecerunt vivo me ludos interdum sacerdotum quattuor amplissima collegia, interdum consules. Privatim etiam et municipatim universi cives unanimiter continenter apud omnia pulvinaria pro valetudine mea supplicaverunt.

ἐτείμησαντο Ῥωμαίων τετρακόσιαι εἴκοσι τρεῖς μυριάδες καὶ τρισχίλιοι. Καὶ τρίτον ὑπατικῆι ἐξουσίαι τὰς ἀποτειμήσεις ἔλαβον, ἔχων συνάρχοντα Τιβέριον Καίσαρα τὸν V υἱόν μου Σέξτωι Πομπηίωι καὶ Σέξτωι Ἀππουληίωι ὑπάτοις· ἐν ἧι ἀποτειμήσει ἐτείμησαντο Ῥωμαίων τετρακόσιαι ἐνενήκοντα τρεῖς μυριάδες καὶ ἑπτακισχείλιοι. Εἰσαγαγὼν καινοὺς νόμους πολλὰ ἤδη τῶν ἀρχαίων ἐθῶν καταλυόμενα διωρθωσάμην καὶ αὐτὸς πολλῶν πραγμάτων μείμημα ἐμαυτὸν τοῖς μετέπειτα παρέδωκα.

9. Εὐχὰς ὑπὲρ τῆς ἐμῆς σωτηρίας ἀναλαμβάνειν διὰ τῶν ὑπάτων καὶ ἱερέων καθ' ἑκάστην πεντετηρίδα ἐψηφίσατο ἡ σύνκλητος. Ἐκ τούτων τῶν εὐχῶν πλειστάκις ἐγένοντο θέαι, τοτὲ μὲν ἐκ τῆς συναρχίας τῶν τεσσάρων ἱερέων, τοτὲ δὲ ὑπὸ τῶν ὑπάτων. Καὶ κατ' ἰδίαν δὲ καὶ κατὰ πόλεις σύνπαντες οἱ πολεῖται ὁμοθυμαδὸν συνεχῶς ἔθυσαν ὑπὲρ τῆς ἐμῆς σωτηρίας.

10. Nomen meum senatus consulto inclusum est
in Saliare carmen, et sacrosanctus in perpetuum ut
essem et quoad viverem tribunicia potestas mihi
tribueretur, statutum est. Pontifex maximus ne
fierem in vivi conlegae mei locum, populo id sacerdotium deferente mihi, quod pater meus habuerat,
recusavi. Quod sacerdotium aliquod post annos (eo
mortuo demum, qui tumultus occasione occupaverat),
cuncta ex Italia ad comitia mea confluente multitudine, quanta Romae nunquam fertur ante id tempus
fuisse, recepi, P. Sulpicio C. Valgio consulibus.

11. Aram Fortunae Reducis ante aedes Honoris et
Virtutis ad Portam Capenam pro reditu meo senatus
consacravit, in qua pontifices et virgines Vestales anniversarium sacrificium facere decrevit eo die, quo consulibus Q. Lucretio et M. Vinucio in urbem ex Syria

10. Τὸ ὄνομά μου συνκλήτου δόγματι ἐνπεριελήφθη εἰς
τοὺς Σαλίων ὕμνους. Καὶ ἵνα ἱερὸς ὦι διὰ βίου τε τὴν δημαρχικὴν ἔχωι ἐξουσίαν, νόμωι ἐκυρώθη. Ἀρχιερωσύνην,
ἣν ὁ πατήρ μου ἐσχήκει, τοῦ δήμου μοι καταφέροντος εἰς
τὸν τοῦ ζῶντος τόπον, οὐ προσεδεξάμην. Ἣν ἀρχιερατείαν
μετά τινας ἐνιαυτοὺς (ἀποθανόντος τοῦ προκατειληφότος VI
αὐτὴν ἐν πολειτικαῖς ταραχαῖς) ἀνείληφα, εἰς τὰ ἐμὰ
ἀρχαιρέσια ἐξ ὅλης τῆς Ἰταλίας τοσούτου πλήθους
συνεληλυθότος, ὅσον οὐδεὶς ἔνπροσθεν ἱστόρησεν ἐπὶ
Ῥώμης γεγονέναι Ποπλίωι Σουλπικίωι καὶ Γαίωι Οὐαλγίωι ὑπάτοις.

11. Βωμὸν Τύχης Σωτηρίου ὑπὲρ τῆς ἐμῆς ἐπανόδου
πρὸς τῆι Καπήνηι πύληι ἡ σύνκλητος ἀφιέρωσεν· πρὸς
ὧι τοὺς ἱερεῖς καὶ τὰς ἱερείας ἐνιαύσιον θυσίαν ποιεῖν
ἐκέλευσεν ἐν ἐκείνηι τῆι ἡμέραι, ἐν ἧι ὑπάτοις Κοίντωι
Λουκρητίωι καὶ Μάρκωι Οὐινουκίωι ἐκ Συρίας εἰς Ῥώμην

redieram, et diem Augustalia ex cognomine nostro appellavit.

12. Senatus consulto eodem tempore pars praetorum et tribunorum plebi cum consule Q. Lucretio et principibus viris obviam mihi missa est in Campaniam. Qui honos ad hoc tempus nemini praeter me est decretus. Cum ex Hispania Galliaque, rebus in iis 16—1 provincis prospere gestis, Romam redi Ti. Nerone P. Quintilio consulibus, aram Pacis Augustae senatus 13 pro reditu meo consacrandam censuit ad campum Martium, in qua magistratus et sacerdotes virginesque Vestales anniversarium sacrificium facere decrevit.

13. Ianum Quirinum (quem claussum esse maiores nostri voluerunt, cum per totum imperium populi Romani terra marique esset parta victoriis pax), cum prius, quam nascerer, a condita urbe bis omnino

ἐπανεληλύθειν, τήν τε ἡμέραν ἐκ τῆς ἡμετέρας ἐπωνυμίας προσηγόρευσεν Αὐγουστάλια.

12. Δόγματι συνκλήτου οἱ τὰς μεγίστας ἀρχὰς ἄρξαντες σὺν μέρει στρατηγῶν καὶ δημάρχων μετὰ ὑπάτου Κοΐντου Λουκρητίου ἐπέμφθησάν μοι ὑπαντήσοντες μέχρι Καμπανίας, ἥτις τειμὴ μέχρι τούτου οὐδὲ ἑνὶ εἰ μὴ ἐμοὶ ἐψηφίσθη. Ὅτε ἐξ Ἱσπανίας καὶ Γαλατίας, τῶν ἐν ταύταις ταῖς ἐπαρχείαις πραγμάτων κατὰ τὰς εὐχὰς τελεσθέντων, εἰς Ῥώμην ἐπανῆλθον, Τιβερίωι Νέρωνι καὶ Ποπλίωι
VII Κοιντιλίωι ὑπάτοις, βωμὸν Εἰρήνης Σεβαστῆς ὑπὲρ τῆς ἐμῆς ἐπανόδου ἀφιερωθῆναι ἐψηφίσατο ἡ σύνκλητος ἐν πεδίωι Ἄρεως, πρὸς ὧι τούς τε ἐν ταῖς ἀρχαῖς καὶ τοὺς ἱερεῖς τάς τε ἱερείας ἐνιαυσίους θυσίας ἐκέλευσε ποιεῖν.

13. Πύλην Ἐνυάλιον (ἣν κεκλῖσθαι οἱ πατέρες ἡμῶν ἠθέλησαν εἰρηνευομένης τῆς ὑπὸ Ῥωμάοις πάσης γῆς τε καὶ θαλάσσης) πρὸ μὲν ἐμοῦ, ἐξ οὗ ἡ πόλις ἐκτίσθη, τῶι

clausum fuisse prodatur memoriae, ter me principe senatus claudendum esse censuit.

III. 14. Filios meos, quos iuvenes mihi eripuit fortuna, Gaium et Lucium Caesares, honoris mei caussa senatus populusque Romanus annum quintum et decimum agentis consules designavit, ut eum magistratum inirent post quinquennium. Et ex eo die, quo deducti sunt in forum, ut interessent consiliis publicis decrevit senatus. Equites autem Romani universi principem iuventutis utrumque eorum parmis et hastis argenteis donatum appellaverunt.

15. Plebei Romanae viritim HS trecenos numeravi
44 ex testamento patris mei, et nomine meo HS qua-
29 dringenos ex bellorum manibiis consul quintum dedi,
24 iterum autem in consulatu decimo ex patrimonio meo HS quadringenos congiari viritim pernumeravi, et
23 consul undecimum duodecim frumentationes frumento

παντὶ αἰῶνι δὶς μόνον κεκλεῖσθαι ὁμολογεῖται, ἐπὶ δὲ ἐμοῦ ἡγεμόνος τρὶς ἡ σύνκλητος ἐψηφίσατο κλεισθῆναι.

14. Υἱούς μου Γάϊον καὶ Λεύκιον Καίσαρας, οὓς νεανίας ἀνήρπασεν ἡ τύχη, εἰς τὴν ἐμὴν τειμὴν ἥ τε σύνκλητος καὶ ὁ δῆμος τῶν Ῥωμαίων πεντεκαιδεκαέτεις ὄντας ὑπάτους ἀπέδειξεν, ἵνα μετὰ πέντε ἔτη εἰς τὴν ὕπατον ἀρχὴν εἰσέλθωσιν· καὶ ἀφ' ἧς ἂν ἡμέρας εἰς τὴν ἀγορὰν καταχθῶσιν, ἵνα μετέχωσιν τῆς συνκλήτου ἐψηφίσατο. Ἱππεῖς δὲ Ῥωμαίων σύνπαντες ἡγεμόνα νεότητος ἑκάτερον αὐτῶν προσηγόρευσαν, ἀσπίσιν ἀργυρέαις καὶ δόρασιν ἐτείμησαν.

15. Δήμωι Ῥωμαίων κατ' ἄνδρα ἑβδομήκοντα πέντε δηνάρια ἑκάστωι ἠρίθμησα κατὰ διαθήκην τοῦ πατρός μου, καὶ τῶι ἐμῶι ὀνόματι ἐκ λαφύρων πολέμου ἀνὰ ἑκατὸν δηνάρια πέμπτον ὕπατος ἔδωκα, πάλιν τε δέκατον VIII ὑπατεύων ἐκ τῆς ἐμῆς ὑπάρξεως ἀνὰ δηνάρια ἑκατὸν ἠρίθμησα, καὶ ἑνδέκατον ὕπατος δώδεκα σειτομετρήσεις

privatim coempto emensus sum, et tribunicia potestate duodecimum quadringenos nummos tertium viritim 11 dedi. Quae mea congiaria pervenerunt ad hominum millia nunquam minus quinquaginta et ducenta. Tribuniciae potestatis duodevicensimum, consul XII tre- 5 centis et viginti millibus plebis urbanae sexagenos denarios viritim dedi. Et colonis militum meorum consul quintum ex manibiis viritim millia nummum 29 singula dedi; acceperunt id triumphale congiarium in colonis hominum circiter centum et viginti millia. Consul tertium decimum sexagenos denarios plebei, 2 quae tum frumentum publicum accipiebat, dedi; ea millia hominum paullo plura quam ducenta fuerunt.

16. Pecuniam pro agris, quos in consulatu meo 30 quarto et postea consulibus M. Crasso et Cn. Lentulo 14 augure adsignavi militibus, solvi municipis. Ea summa sestertium circiter sexsiens milliens fuit, quam pro

ἐκ τοῦ ἐμοῦ βίου ἀπεμέτρησα, καὶ δημαρχικῆς ἐξουσίας τὸ δωδέκατον ἑκατὸν δηνάρια κατ' ἄνδρα ἔδωκα· αἵτινες ἐμαὶ ἐπιδόσεις οὐδέποτε ἧσσον ἦλθον εἰς ἄνδρας μυριάδων εἴκοσι πέντε. Δημαρχικῆς ἐξουσίας ὀκτωκαιδέκατον, ὕπατος δωδέκατον τριάκοντα τρισὶ μυριάσιν ὄχλου πολειτικοῦ ἑξήκοντα δηνάρια κατ' ἄνδρα ἔδωκα, καὶ ἀποίκοις στρατιωτῶν ἐμῶν πέμπτον ὕπατος ἐκ λαφύρων κατὰ ἄνδρα ἀνὰ διακόσια πεντήκοντα δηνάρια ἔδωκα· ἔλαβον ταύτην τὴν δωρεὰν ἐν ταῖς ἀποικίαις ἀνθρώπων μυριάδες πλεῖον δώδεκα. Ὕπατος τρισκαιδέκατον ἀνὰ ἑξήκοντα δηνάρια τῶι σειτομετρουμένωι δήμωι ἔδωκα· οὗτος ἀριθμὸς πλείων εἴκοσι μυριάδων ὑπῆρχεν.

16. Χρήματα ἐν ὑπατείαι τετάρτηι ἐμῆι καὶ μετὰ ταῦτα ὑπάτοις Μάρκωι Κράσσωι καὶ Ναίωι Λέντλωι αὔγουρι ταῖς πόλεσιν ἠρίθμησα ὑπὲρ ἀγρῶν, οὓς ἐμέρισα τοῖς στρατιώταις. Κεφαλαίου ἐγένοντο ἐν Ἰταλίαι μὲν μύριαι πεντα-

Italicis praedis numeravi, et circiter bis milliens et sescentiens, quod pro agris provincialibus solvi. Id primus et solus omnium, qui deduxerunt colonias militum in Italia aut in provincis, ad memoriam aetatis 7 meae feci. Et postea Ti. Nerone et Cn. Pisone con- 6 sulibus, itemque C. Antistio et D. Laelio consulibus, et 4 C. Calvisio et L. Passieno consulibus, et L. Lentulo et 3, 2 M. Messala consulibus, et L. Caninio et Q. Fabricio cos. militibus, quos emeritis stipendis in sua municipia deduxi, praemia numerato persolvi, quam in rem sestertium quater milliens circiter impendi.

17. Quater pecunia mea iuvi aerarium, ita ut sestertium milliens et quingentiens ad eos qui praeerant 6 n. aerario detulerim. Et M. Lepido et L. Arruntio consulibus in aerarium militare, quod ex consilio meo constitutum est, ex quo praemia darentur militibus, qui

κισχείλιαι μυριάδες, τῶν δὲ ἐπαρχειτικῶν ἀγρῶν μυριάδες, ἑξακισχίλιαι πεντακόσιαι. Τοῦτο πρῶτος καὶ μόνος ἁπάν- IX των ἐπόησα τῶν καταγαγόντων ἀποικίας στρατιωτῶν ἐν Ἰταλίαι ἢ ἐν ἐπαρχείαις μέχρι τῆς ἐμῆς ἡλικίας. Καὶ μετέπειτα Τιβερίωι Νέρωνι καὶ Ναίωι Πείσωνι ὑπάτοις καὶ πάλιν Γαΐωι Ἀνθεστίωι καὶ Δέκμωι Λαιλίωι ὑπάτοις καὶ Γαΐωι Καλουισίωι καὶ Λευκίωι Πασσιήνωι ὑπάτοις καὶ Λευκίωι Λέντλωι καὶ Μάρκωι Μεσσάλαι ὑπάτοις καὶ Λευκίωι Κανινίωι καὶ Κοίντωι Φαβρικίωι ὑπάτοις, στρατιώταις ἀπολυομένοις, οὓς κατήγαγον εἰς τὰς ἰδίας πόλεις, φιλανθρώπου ὀνόματι ἔδωκα μυριάδας ἐγγὺς μυρίας.

17. Τετράκις χρήμασιν ἐμοῖς ἀνέλαβον τὸ αἰράριον, εἰς ὃ κατήνενκα χειλίας ἑπτακοσίας πεντήκοντα μυριάδας. Καὶ Μάρκωι Λεπίδωι καὶ Λευκίωι Ἀρρουντίωι ὑπάτοις εἰς τὸ στρατιωτικὸν αἰράριον, ὃ τῆι ἐμῆι γνώμηι κατέστη, ἵνα ἐξ αὐτοῦ αἱ δωρεαὶ εἰσέπειτα τοῖς ἐμοῖς στρατιώταις δίδωνται, οἳ εἴκοσιν ἐνιαυτοὺς ἢ πλείονας ἐστρατεύσαντο,

vicena aut plura stipendia emeruissent, HS milliens et septingentiens ex patrimonio meo detuli.

18. Ab eo anno, quo Cn. et P. Lentuli consules 18 fuerunt, cum deficerent vectigalia, tum centum millibus hominum, tum pluribus multo frumentarios et nummarios tributus ex horreo et patrimonio meo edidi.

IV. 19. Curiam et continens ei chalcidicum, temp- 42—2 lumque Apollinis in Palatio cum porticibus, aedem 35—2 divi Iuli, Lupercal, porticum ad circum Flaminium, quam sum appellari passus ex nomine eius qui priorem 23 eodem in solo fecerat Octaviam, pulvinar ad circum 31 maximum, aedes in Capitolio Iovis Feretri et Iovis 22 Tonantis, aedem Quirini, aedes Minervae et Iunonis 16, 15 Reginae et Iovis Libertatis in Aventino, aedem Larum in summa sacra via, aedem deum Penatium in Velia, aedem Iuventatis, aedem Matris Magnae in Palatio feci.

μυριάδας τετράκις χειλίας διακοσίας πεντήκοντα ἐκ τῆς ἐμῆς ὑπάρξεως κατήνενκα.

18. Ἀπ' ἐκείνου τοῦ ἐνιαυτοῦ, ἐφ' οὗ Ναῖος καὶ Πόπλιος Λέντλοι ὕπατοι ἐγένοντο, ὅτε ὑπέλειπον αἱ δημόσιαι πρόσοδοι, ἄλλοτε μὲν δέκα μυριάσιν, ἄλλοτε δὲ πλείοσιν σειτικὰς X καὶ ἀργυρικὰς συντάξεις ἐκ τῆς ἐμῆς ὑπάρξεως ἔδωκα.

19. Βουλευτήριον καὶ τὸ πλησίον αὐτῶι χαλκιδικόν, ναόν τε Ἀπόλλωνος ἐν Παλατίωι σὺν στοαῖς, ναὸν θεοῦ Ἰουλίου, Πανὸς ἱερόν, στοὰν πρὸς ἱπποδρόμωι τῶι προσαγορευομένωι Φλαμινίωι, ἣν εἴασα προσαγορεύεσθαι ἐξ ὀνόματος ἐκείνου Ὀκταουΐαν, ὃς πρῶτος αὐτὴν ἀνέστησεν, ναὸν πρὸς τῶι μεγάλωι ἱπποδρόμωι, ναοὺς ἐν Καπιτολίωι Διὸς Τροπαιοφόρου καὶ Διὸς Βροντησίου, ναὸν Κυρείνου, ναοὺς Ἀθηνᾶς καὶ Ἥρας Βασιλίδος καὶ Διὸς Ἐλευθερίου ἐν Ἀουεντίνωι, ἡρώων πρὸς τῆι ἱερᾶι ὁδῶι, θεῶν κατοικιδίων ἐν Οὐελίαι, ναὸν Νεότητος, ναὸν Μητρὸς θεῶν ἐν Παλατίωι ἐπόησα.

20. Capitolium et Pompeium theatrum: utrumque opus impensa grandi refeci, sine ulla inscriptione nominis mei. Rivos aquarum compluribus locis vetustate labentis refeci, et aquam quae Marcia appellatur duplicavi, fonte novo in rivum eius inmisso. Forum Iulium et basilicam, quae fuit inter aedem Castoris et aedem Saturni, coepta profligataque opera a patre meo, perfeci et eandem basilicam, consumptam incendio, ampliato eius solo, sub titulo nominis filiorum meorum incohavi, et, si vivus non perfecissem, perfici ab heredibus meis iussi. Duo et octoginta templa deum in urbe consul sextum ex auctoritate senatus refeci — nullo praetermisso, quod eo tempore refici debebat —, 27 consul septimum viam Flaminiam ab urbe Arimino tenus, pontesque omnes, praeter Mulvium et Minucium.

20. Καπιτώλιον καὶ τὸ Πομπηίου θέατρον: ἑκάτερον τὸ ἔργον ἀναλώμασιν μεγίστοις ἐπεσκεύασα, ἄνευ ἐπιγραφῆς τοῦ ἐμοῦ ὀνόματος. Ἀγωγοὺς ὑδάτων ἐν πλείστοις τόποις τῆι παλαιότητι ὀλισθάνοντας ἐπεσκεύασα καὶ ὕδωρ τὸ καλούμενον Μάρκιον ἐδίπλωσα, πηγὴν νέαν εἰς τὸ ῥεῖθρον αὐτοῦ ἐποχετεύσας. Ἀγορὰν Ἰουλίαν καὶ βασιλικὴν τὴν μεταξὺ τοῦ τε ναοῦ τῶν Διοσκόρων καὶ τοῦ Κρόνου, καταβεβλημένα ἔργα ὑπὸ τοῦ πατρός μου, ἐτελείωσα καὶ τὴν αὐτὴν βασιλικήν, καυθεῖσαν, ἐπὶ αὐξηθέντι ἐδάφει αὐτῆς, ἐξ ἐπιγραφῆς ὀνόματος τῶν ἐμῶν υἱῶν ὑπηρξάμην, καί, XI εἰ μὴ αὐτὸς τετελειώκοιμι, τελειωθῆναι ὑπὸ τῶν ἐμῶν κληρονόμων ἐπέταξα. Δύο καὶ ὀγδοήκοντα ναοὺς ἐν τῆι πόλει ἕκτον ὕπατος δόγματι συνκλήτου ἐπεσκεύασα, — οὐδένα περιλιπών, ὃς ἐκείνωι τῶι χρόνωι ἐπισκευῆς ἐδεῖτο. Ὕπατος ἕβδομον ὁδὸν Φλαμινίαν ἀπὸ Ῥώμης εἰς Ἀρίμινον γεφύρας τε τὰς ἐν αὐτῆι πάσας — ἔξω δυεῖν τῶν μὴ ἐπιδεομένων ἐπισκευῆς — ἐπόησα.

21. In privato solo Martis Ultoris templum forum- 2 que Augustum ex manibiis feci. Theatrum ad aede Apollinis in solo magna ex parte a privatis empto feci, quod sub nomine M. Marcelli generi mei esset. Dona ex manibiis in Capitolio et in aede divi Iuli et in aede Apollinis et in aede Vestae et in templo Martis Ultoris consacravi, quae mihi constiterunt HS circiter milliens. Auri coronari pondo triginta et quinque millia municipiis et colonis Italiae conferentibus ad triumphos meos quintum consul remisi, et postea, quotienscumque 29 imperator appellatus sum, aurum coronarium non accepi, decernentibus municipiis et colonis aeque benigne adque antea decreverant.

22. Ter munus gladiatorium dedi meo nomine, et quinquiens filiorum meorum aut nepotum nomine; quibus muneribus depugnaverunt hominum circiter

21. Ἐν ἰδιωτικῶι ἐδάφει Ἄρεως Ἀμύντορος ἀγοράν τε Σεβαστὴν ἐκ λαφύρων ἐπόησα. Θέατρον πρὸς τῶι Ἀπόλλωνος ναῶι ἐπὶ ἐδάφους ἐκ πλείστου μέρους ἀγορασθέντος ἀνήγειρα ἐπὶ ὀνόματος Μαρκέλλου τοῦ γαμβροῦ μου. Ἀναθέματα ἐκ λαφύρων ἐν Καπιτωλίωι καὶ ναῶι Ἰουλίωι καὶ ναῶι Ἀπόλλωνος καὶ Ἑστίας καὶ Ἄρεως ἀφιέρωσα, ἃ ἐμοὶ κατέστη ἐνγὺς μυριάδων δισχειλίων πεντακοσίων. Εἰς χρυσοῦν στέφανον λειτρῶν τρισμυρίων πεντακισχειλίων καταφερούσαις ταῖς ἐν Ἰταλίαι πολειτείαις καὶ ἀποικίαις συνεχώρησα τὸ πέμπτον ὑπατεύων, καὶ ὕστερον ὁσάκις αὐτοκράτωρ προσηγορεύθην, τὰς εἰς τὸν στέφανον ἐπαγγελίας οὐκ ἔλαβον, ψηφιζομένων τῶν πολειτειῶν καὶ ἀποικιῶν μετὰ τῆς αὐτῆς προθυμίας, καθάπερ καὶ ἐψηφίσθη πρότερον.

22. Τρὶς μονομαχίαν ἔδωκα τῶι ἐμῶι ὀνόματι, καὶ πεντάκις τῶν υἱῶν μου ἢ υἱωνῶν· ἐν αἷς μονομαχίαις ἐμα-

decem millia. Bis athletarum undique accitorum spectaclum populo praebui meo nomine, et tertium nepotis mei nomine. Ludos feci meo nomine quater, aliorum autem magistratuum vicem ter et viciens. Pro conlegio XV virorum magister collegii, collega
17 M. Agrippa, ludos saeclares C. Furnio C. Silano consu-
2 libus feci. Consul XIII ludos Martiales primus feci, quos post id tempus deinceps insequentibus annis senatus consulto mecum fecerunt consules. Venationes bestiarum Africanarum meo nomine aut filiorum meorum et nepotum in circo aut in foro aut in amphitheatris populo dedi sexiens et viciens, quibus confecta sunt bestiarum circiter tria millia et quingentae.

2   23. Navalis proeli spectaclum populo dedi trans Tiberim, in quo loco nunc nemus est Caesarum, cavato

χέσαντο ἐνγὺς μύριοι. Δὶς ἀθλητῶν πανταχόθεν μεταπεμφθέντων γυμνικοῦ ἀγῶνος θέαν τῶι δήμωι παρέσχον τῶι ἐμῶι ὀνόματι, καὶ τρίτον τοῦ υἱωνοῦ μου. Θέας ἐπόησα δι' ἐμοῦ τετράκις, διὰ δὲ τῶν ἄλλων ἀρχῶν ἐν μέρει τρὶς καὶ εἰκοσάκις. Ὑπὲρ τῶν δεκαπέντε ἀνδρῶν, ἔχων συνάρχοντα Μᾶρκον Ἀγρίππαν, τὰς θέας διὰ ἑκατὸν ἐτῶν γεινομένας, ὀνομαζομένας ,,σαικλάρεις'', ἐπόησα Γαΐωι Φουρνίωι καὶ Γαΐωι Σειλανῶι ὑπάτοις. Ὕπατος τρισκαιδέκατον θέας Ἄρεως πρῶτος ἐπόησα, ἃς μετ' ἐκεῖνον χρόνον ἐξῆς τοῖς μετέπειτα ἐνιαυτοῖς δόγματι συνκλήτου σὺν ἐμοὶ ἐπόησαν οἱ ὕπατοι. Εἴκοσιν ἐξ κυνηγίας ἐκ Λιβύης θηρίων ἔδωκα τῶι δήμωι τῶι ἐμῶι ὀνόματι ἢ τῶν υἱῶν μου καὶ υἱωνῶν ἐν τῶι ἱπποδρόμωι ἢ ἐν τῆι ἀγορᾶι ἢ ἐν τοῖς ἀμφιθεάτροις· ἐν αἷς κατεσφάγη θηρία ἐνγὺς τρισχίλια πεντακόσια.

23. Ναυμαχίας θέαν τῶι δήμωι ἔδωκα πέραν τοῦ Τειβέριδος, ἐν ὧι τόπωι ἐστὶ νῦν ἄλσος Καισάρων, ἐκκεχωκὼς

solo in longitudinem mille et octingentos pedes, in latitudinem mille et ducenti. In quo triginta rostratae naves triremes aut biremes, plures autem minores inter se conflixerunt. Quibus in classibus pugnaverunt praeter remiges millia hominum tria circiter.

24. In templis omnium civitatium provinciae Asiae victor ornamenta reposui, quae spoliatis templis is, cum quo bellum gesseram, privatim possederat. Statuae meae pedestres et equestres et in quadrigeis argenteae steterunt in urbe octoginta circiter, quas ipse sustuli, exque ea pecunia dona aurea in aede Apollinis meo nomine et illorum, qui mihi statuarum honorem habuerunt, posui.

V. 25. Mare pacavi a praedonibus. Eo bello servorum, qui fugerant a dominis suis et arma contra rem publicam ceperant, triginta fere millia capta dominis ad supplicium sumendum tradidi. Iuravit in mea

XIII τὸ ἔδαφος εἰς μῆκος χειλίων ὀκτακοσίων ποδῶν, εἰς πλάτος χιλίων διακοσίων. Ἐν ἧι τριάκοντα ναῦς ἔμβολα ἔχουσαι τριήρεις ἢ δίκροτοι, αἱ δὲ ἥσσονες πλείους ἐναυμάχησαν. Ἐν τούτωι τῶι στόλωι ἠγωνίσαντο ἔξω τῶν ἐρετῶν πρός που ἄνδρες τρισχείλιοι.

24. Ἐν ναοῖς πασῶν πόλεων τῆς Ἀσίας νεικήσας τὰ ἀναθέματα ἀποκατέστησα, ἃ εἶχεν ἰδίαι ἱεροσυλήσας ὁ ὑπ' ἐμοῦ διαγωνισθεὶς πολέμιος. Ἀνδριάντες πεζοὶ καὶ ἔφιπποί μου καὶ ἐφ' ἅρμασιν ἀργυροῖ εἱστήκεισαν ἐν τῆι πόλει ἐνγὺς ὀγδοήκοντα, οὓς αὐτὸς ἦρα, ἐκ τούτου τε τοῦ χρήματος ἀναθέματα χρυσᾶ ἐν τῶι ναῶι τοῦ Ἀπόλλωνος τῶι τε ἐμῶι ὀνόματι καὶ ἐκείνων, οἵτινές με τούτοις τοῖς ἀνδριᾶσιν ἐτείμησαν, ἀνέθηκα.

25. Θάλασσαν πειρατευομένην ὑπὸ ἀποστατῶν δούλων εἰρήνευσα· ἐξ ὧν τρεῖς που μυριάδας τοῖς δεσπόταις εἰς κόλασιν παρέδωκα. Ὤμοσεν εἰς τοὺς ἐμοὺς λόγους ἅπασα

verba tota Italia sponte sua et me belli, quo vici ad
Actium, ducem depoposcit. Iuraverunt in eadem
verba provinciae Galliae Hispaniae Africa Sicilia Sardinia. Qui sub signis meis tum militaverint, fuerunt
senatores plures quam DCC, in iis qui vel antea vel
postea consules facti sunt ad eum diem quo scripta
sunt haec, LXXXIII, sacerdotes circiter CLXX.

26. Omnium provinciarum populi Romani, quibus
finitimae fuerunt gentes quae non parerent imperio
nostro, fines auxi. Gallias et Hispanias provicias, item
Germaniam qua claudit Oceanus, a Gadibus ad ostium
Albis fluminis, pacavi. Alpes a regione ea, quae proxima est Hadriano mari, usque ad Tuscum pacavi nulli
genti bello per iniuriam inlato. Classis mea per Oceanum ab ostio Rheni ad solis orientis regionem usque
ad fines Cimbrorum navigavit, quo neque terra neque

ἡ Ἰταλία ἐκοῦσα κἀμὲ πολέμου, ὧι ἐπ᾽ Ἀκτίωι ἐνείκησα,
ἡγεμόνα ἐξητήσατο. Ὤμοσαν εἰς τοὺς αὐτοὺς λόγους
ἐπαρχεῖαι Γαλατία Ἱσπανία Λιβύη Σικελία Σαρδώ. Οἱ
ὑπ᾽ ἐμαῖς σημέαις τότε στρατευσάμενοι ἦσαν συνκλητικοὶ
πλείους ἑπτακοσίων· ἐν αὐτοῖς οἳ ἢ πρότερον ἢ μετέπειτα
ἐγένοντο ὕπατοι εἰς ἐκείνην τὴν ἡμέραν, ἐν ἧι ταῦτα γέγραπται, ὀγδοήκοντα τρεῖς, ἱερεῖς πρός που ἑκατὸν ἑβδομήκοντα. XIV

26. Πασῶν ἐπαρχειῶν δήμου Ῥωμαίων, αἷς ὅμορα
ἦν ἔθνη τὰ μὴ ὑποτασσόμενα τῆι ἡμετέραι ἡγεμονίαι, τοὺς
ὅρους ἐπεύξησα. Γαλατίαν καὶ Ἱσπανίας, ὁμοίως δὲ καὶ
Γερμανίαν καθὼς Ὠκεανὸς περικλείει, ἀπὸ Γαδείρων μέχρι
στόματος Ἄλβιος ποταμοῦ, ἐν εἰρήνῃ κατέστησα. Ἄλπης,
ἀπὸ κλίματος τοῦ πλησίον Εἰονίου κόλπου μέχρι Τυρρηνικῆς θαλάσσης, εἰρηνεύεσθαι πεπόηκα, οὐδενὶ ἔθνει
ἀδίκως ἐπενεχθέντος πολέμου. Στόλος ἐμὸς διὰ Ὠκεανοῦ
ἀπὸ στόματος Ῥήνου ὡς πρὸς ἀνατολὰς μέχρι ἔθνους Κίμβρων διέπλευσεν, οὗ οὔτε κατὰ γῆν οὔτε κατὰ θάλασσαν

mari quisquam Romanus ante id tempus adit; Cimbrique et Charydes et Semnones et eiusdem tractus alii Germanorum populi per legatos amicitiam meam et populi Romani petierunt. Meo iussu et auspicio ducti sunt duo exercitus eodem fere tempore in Aethi- 25 opiam et in Arabiam (quae apellatur „eudaemon"), maximaeque hostium gentis utriusque copiae caesae sunt in acie, et complura oppida capta. In Aethiopiam usque ad oppidum Nabata perventum est, cui proxima est Meroe. In Arabiam usque in fines Sabaeorum processit exercitus ad oppidum Mariba.

27. Aegyptum imperio populi Romani adieci. Ar- 30 meniam maiorem interfecto rege eius Artaxe, cum possem facere provinciam, malui (maiorum nostrorum exemplo) regnum id Tigrani regis Artavasdis filio, nepoti autem Tigranis regis, per Ti. Neronem tradere, 20 qui tum mihi privignus erat. Et eandem gentem, postea

Ῥωμαίων τις πρὸ τούτου τοῦ χρόνου προσῆλθεν· καὶ Κίμβροι καὶ Χάλυβες καὶ Σέμνονες ἄλλα τε πολλὰ ἔθνη Γερμανῶν διὰ πρεσβειῶν τὴν ἐμὴν φιλίαν καὶ τὴν δήμου Ῥωμαίων ἠιτήσαντο. Ἐμῆι ἐπιταγῆι καὶ οἰωνοῖς αἰσίοις δύο στρατεύματα ἐπέβη Αἰθιοπίαι καὶ Ἀραβίαι (τῆι „εὐδαίμονι" καλουμένηι), μεγάλας τε τῶν πολεμίων δυνάμεις κατέκοψεν ἐν παρατάξει καὶ πλείστας πόλεις δοριαλώτους ἔλαβεν, καὶ προέβη ἐν Αἰθιοπίαι μέχρι πόλεως Ναβάτης, ἥτις ἐστὶν ἔγγιστα Μερόη, ἐν Ἀραβίαι δὲ μέχρι πόλεως Μαρίβας.

XV 27. Αἴγυπτον δήμου Ῥωμαίων ἡγεμονίαι προσέθηκα. Ἀρμενίαν τὴν μείζονα ἀναιρεθέντος τοῦ βασιλέως, δυνάμενος ἐπαρχείαν ποῆσαι, μᾶλλον ἐβουλήθην (κατὰ τὰ πάτρια ἡμῶν ἔθη) βασιλείαν Τιγράνηι Ἀρταουάσδου υἱῶι, υἱωνῶι δὲ Τιγράνου βασιλέως, δοῦναι διὰ Τιβερίου Νέρωνος, ὃς τότ' ἐμοῦ πρόγονος ἦν· καὶ τὸ αὐτὸ ἔθνος, ἀφιστάμενον

desciscentem et rebellantem, domitam per Gaium filium meum, regi Ariobarzani, regis Medorum Artabazi filio, regendam tradidi, et post eius mortem filio eius Artavasdi. Quo interfecto Tigrane (qui erat ex regio genere Armeniorum oriundus) in id regnum misi. Provincias omnis, quae trans Hadrianum mare vergunt ad orientem, Cyrenasque (iam ex parte magna 6, 38 regibus eas possidentibus) et antea Siciliam et Sardiniam — occupatas bello servili — reciperavi.

28. Colonias in Africa Sicilia Macedonia utraque Hispania Achaia Asia Syria Gallia Narbonensi Pisidia militum deduxi. Italia autem XXVIII colonias, quae vivo me celeberrimae et frequentissimae fuerunt, meo nomine deductas habet.

29. Signa militaria complura, per alios duces amissa, 25 devictis hostibus reciperavi ex Hispania et Gallia et

καὶ ἀναπολεμοῦν, δαμασθὲν ὑπὸ Γαίου τοῦ υἱοῦ μου, βασιλεῖ Ἀριοβαρζάνει, βασιλέως Μήδων Ἀρταβάζου υἱῶι, παρέδωκα, καὶ μετὰ τὸν ἐκείνου θάνατον τῶι υἱῶι αὐτοῦ Ἀρταουάσδη. Οὗ ἀναιρεθέντος Τιγράνην (ὃς ἦν ἐκ γένους Ἀρμενίου βχσιλικοῦ) εἰς τὴν βασιλείαν ἔπεμψα. Ἐπαρχείας ἁπάσας, ὅσαι πέραν τοῦ Εἰονίου κόλπου διατείνουσι πρὸς ἀνατολάς, καὶ Κυρήνην (ἐκ μείσζονος μέρους ὑπὸ βασιλέων κατεσχημένας) καὶ ἔμπροσθεν Σικελίαν καὶ Σαρδωί — προκατειλημένας πολέμωι δουλικῶι — ἀνέλαβον.

28. Ἀποικίας ἐν Λιβύηι Σικελίαι Μακεδονίαι ἐν ἑκατέραι τε Ἱσπανίαι Ἀχαίαι Ἀσίαι Συρίαι Γαλατίαι τῆι περὶ Νάρβωνα Πισιδίαι στρατιωτῶν κατήγαγον. Ἰταλία δὲ εἴκοσι ὀκτὼ ἀποικίας ἔχει ὑπ' ἐμοῦ καταχθείσας, αἳ ἐμοῦ περιόντος πληθύουσαι ἐτύγχανον.

29. Σημέας στρατιωτικὰς πλείστας, ὑπὸ ἄλλων ἡγεμόνων ἀποβεβλημένας, νικῶν τοὺς πολεμίους ἀπέλαβον XVI ἐξ Ἱσπανίας καὶ Γαλατίας καὶ παρὰ Δαλματῶν. Πάρ-

a Dalmateis. Parthos trium exercitum Romanorum 23
spolia et signa reddere mihi supplicesque amicitiam 20
populi Romani petere coegi. Ea autem signa in penetrali, quod est in templo Martis Ultoris, reposui.

30. Pannoniorum gentes, quas ante me principem 12—ε
populi Romani exercitus nunquam adit, devictas per
Ti. Neronem (qui tum erat privignus et legatus meus),
imperio populi Romani subieci protulique fines Illyrici
ad ripam fluminis Danui. Citra quod Dacorum trans- 12—ᴲ
gressus exercitus meis auspicis victus profligatusque 6—9
est, et postea trans Danuvium ductus exercitus meus
Dacorum gentes imperia populi Romani perferre coegit.

31. Ad me ex India regum legationes saepe missae
sunt, non visae ante id tempus apud quemquam
Romanorum ducem. Nostram amicitiam petierunt
per legatos Bastarnae Scythaeque et Sarmatarum

θους τριῶν στρατευμάτων ʽΡωμαίων σκῦλα καὶ σημέας
ἀποδοῦναι ἐμοὶ ἱκέτας τε φιλίαν δήμου ʽΡωμαίων ἀξιῶσαι
ἠνάγκασα. Ταύτας δὲ τὰς σημέας ἐν τῶι ῎Αρεως τοῦ ᾽Αμύντορος ναοῦ ἀδύτωι ἀπεθέμην.

30. Παννονίων ἔθνη, οἷς πρὸ ἐμοῦ ἡγεμόνος στράτευμα
ʽΡωμαίων οὐκ ἤγγισεν, ἡσσηθέντα ὑπὸ Τιβερίου Νέρωνος
(ὃς τότ᾽ ἐμοῦ ἦν πρόγονος καὶ πρεσβευτής), ἡγεμονίαι δήμου
ʽΡωμαίων ὑπέταξα τά τε ᾽Ιλλυρικοῦ ὅρια μέχρι ῎Ιστρου
ποταμοῦ προήγαγον· οὗ ἐπείταδε Δάκων διαβᾶσα πολλὴ
δύναμις ἐμοῖς αἰσίοις οἰωνοῖς κατεκόπη. Καὶ ὕστερον
μεταχθὲν τὸ ἐμὸν στράτευμα πέραν ῎Ιστρου τὰ Δάκων
ἔθνη προστάγματα δήμου ʽΡωμαίων ὑπομένειν ἠνάγκασεν.

31. Πρὸς ἐμὲ ἐξ ᾽Ινδίας βασιλέων πρεσβεῖαι πολλάκις
ἀπεστάλησαν, οὐδέποτε πρὸ τούτου χρόνου ὀφθεῖσαι παρὰ
ʽΡωμαίων ἡγεμόνι. Τὴν ἡμετέραν φιλίαν ἠξίωσαν διὰ
πρέσβεων Βαστάρναι καὶ Σκύθαι καὶ Σαρματῶν οἱ ἐπίταδε

qui sunt citra flumen Tanaim et ultra reges, Albanorumque rex et Hiberorum et Medorum.

VI. 32. Ad me supplices confugerunt reges Parthorum Tiridates et postea Phrates regis Phratis filius, Medorum Artavasdes, Adiabenorum Artaxares, Britannorum Dumnobellaunus et Tincommius, Sugambrorum Maelo, Marcomanorum Sueborum ... rus. Ad me rex Parthorum Phrates Orodis filius filios suos nepotesque omnes misit in Italiam, non bello superatus, sed amicitiam nostram per liberorum suorum pignora petens. Plurimaeque aliae gentes expertae sunt populi Romani fidem me principe, quibus antea cum populo Romano nullum exstiterat legationum et amicitiae commercium.

33. A me gentes Parthorum et Medorum per legatos principes earum gentium reges petitos acceperunt Parthi Vononem regis Phratis filium, regis Orodis

ὄντες τοῦ Τανάιδος ποταμοῦ καὶ οἱ πέραν δὲ βασιλεῖς, καὶ Ἀλβανῶν δὲ καὶ Ἰβήρων καὶ Μήδων βασιλέες.

32. Πρὸς ἐμὲ ἱκέται κατέφυγον βασιλεῖς Πάρθων μὲν Τειριδάτης καὶ μετέπειτα Φραάτης, βασιλέως Φράτου XVII υἱός, Μήδων δὲ Ἀρταουάσδης, Ἀδιαβηνῶν Ἀρταξάρης, Βρεταννῶν Δομνοελλαῦνος καὶ Τινκόμμιος, Σουγάμβρων Μαίλων, Μαρκομάνων Σουήβων ... ρος. Πρὸς ἐμὲ βασιλεὺς Πάρθων Φραάτης Ὠρώδου υἱὸς υἱοὺς αὐτοῦ υἱωνούς τε πάντας ἔπεμψεν εἰς Ἰταλίαν, οὐ πολέμωι λειφθείς, ἀλλὰ τὴν ἡμετέραν φιλίαν ἀξιῶν ἐπὶ τέκνων ἐνεχύροις, πλεῖστά τε ἄλλα ἔθνη πεῖραν ἔλαβεν δήμου Ῥωμαίων πίστεως ἐπ' ἐμοῦ ἡγεμόνος, οἷς τὸ πρὶν οὐδεμία ἦν πρὸς δῆμον Ῥωμαίων πρεσβειῶν καὶ φιλίας κοινωνία.

33. Παρ' ἐμοῦ ἔθνη Πάρθων καὶ Μήδων διὰ πρέσβεων τῶν παρ' αὐτοῖς πρώτων βασιλεῖς αἰτησάμενοι ἔλαβον, Πάρθοι Οὐονώνην, βασιλέως Φράτου υἱόν, βασιλέως

nepotem, Medi Ariobarzanem, regis Artavazdis filium, regis Ariobarzanis nepotem.

34. In consulatu sexto et septimo, — postquam bella civilia exstinxeram, per consensum universorum potitus rerum omnium, — rem publicam ex mea potestate in senatus populique Romani arbitrium transtuli. Quo pro merito meo senatus consulto „Augustus" appellatus sum et laureis postes aedium mearum vestiti publice, coronaque civica super ianuam meam fixa est et clupeus aureus in curia Iulia positus, quem mihi senatum populumque Romanum dare virtutis clementiaeque iustitiae et pietatis caussa testatum est per eius clupei inscriptionem. Post id tempus auctoritate omnibus praestiti, potestatis autem nihilo amplius habui quam ceteri, qui mihi quoque in magistratu conlegae fuerunt.

Ὠρώδου υἱωνόν, Μῆδοι Ἀριοβαρζάνην, βασιλέως Ἀρταβάζου υἱόν, βασιλέως Ἀριοβαρζάνου υἱωνόν.

34. Ἐν ὑπατείαι ἕκτηι καὶ ἑβδόμηι — μετὰ τὸ τοὺς ἐνφυλίους ζβέσαι με πολέμους, κατὰ τὰς εὐχὰς τῶν ἐμῶν πολειτῶν ἐνκρατὴς γενόμενος πάντων τῶν πραγμάτων —, ἐκ τῆς ἐμῆς ἐξουσίας εἰς τὴν τῆς συνκλήτου καὶ τοῦ δήμου τῶν Ῥωμαίων μετήνεγκα κυρίηαν. Ἐξ ἧς αἰτίας δόγματι συνκλήτου „Σεβαστὸς" προσηγορεύθην καὶ δάφναις δημοσίαι τὰ πρόπυλά μου ἐστέφθη, ὅ τε δρύινος στέφανος ὁ διδόμενος ἐπὶ σωτηρίαι τῶν πολειτῶν ὑπεράνω τοῦ πυλῶνος τῆς ἐμῆς οἰκίας ἀνετέθη, ὅπλον τε χρυσοῦν ἐν τῶι βουλευτηρίωι ἀνατεθὲν ὑπό τε τῆς συνκλήτου καὶ τοῦ δήμου τῶν Ῥωμαίων διὰ τῆς ἐπιγραφῆς ἀρετὴν καὶ ἐπείκειαν καὶ δικαιοσύνην καὶ εὐσέβειαν ἐμοὶ μαρτυρεῖ. Ἀξιώματι πάντων διήνεγκα, ἐξουσίας δὲ οὐδέν τι πλεῖον ἔσχον τῶν συναρξάντων μοι.

2   **35.** Tertium decimum consulatum cum gerebam, senatus et equester ordo populusque Romanus universus appellavit me „Patrem Patriae" idque in vestibulo aedium mearum inscribendum et in curia Iulia et in foro Augusto sub quadrigis, quae mihi ex senatus consulto positae sunt, censuit. Cum scripsi
14 n. haec, annum agebam septuagensumum sextum.

35. Τρισκαιδεκάτην ὑπατείαν ἄγοντός μου ἥ τε σύνκλητος καὶ τὸ ἱππικὸν τάγμα ὅ τε σύνπας δῆμος τῶν Ῥωμαίων προσηγόρευσέ με „Πατέρα Πατρίδος" καὶ τοῦτο ἐπὶ τοῦ προπύλου τῆς οἰκίας μου καὶ ἐν τῶι βουλευτηρίωι καὶ ἐν τῆι ἀγορᾶι τῆι Σεβαστῆι ὑπὸ τῶι ἅρματι, ὅ μοι δόγματι συνκλήτου ἀνετέθη, ἐπιγραφῆναι ἐψηφίσατο. Ὅτε ἔγραφον ταῦτα, ἦγον ἔτος ἑβδομηκοστὸν ἕκτον.

2. SUETON: AUGUSTUS.

Gentem Octaviam Velitris praecipuam olim fuisse 1 multa declarant. Nam et vicus celeberrima parte oppidi iam pridem Octavius vocabatur, et ostendebatur ara Octavio consecrata, qui bello dux finitimo, cum forte Marti rem divinam faceret — nuntiata repente hostis incursione — semicruda exta raptae foco prosecuit atque ita proelium ingressus victor rediit. Decretum etiam publicum exstabat, quo cavebatur, ut in posterum quoque simili modo exta Marti redderentur reliquiaeque ad Octavios referrentur. Ea gens a 2 Tarquinio Prisco rege inter minores gentes adlecta in senatum, mox a Servio Tullio in patricias traducta, procedente tempore ad plebem se contulit

ac rursus magno intervallo per Divum Iulium in patriciatum rediit. Primus ex hac magistratum populi suf-
2 fragio cepit C. Rufus. Is quaestorius Gnaeum et Gaium procreavit, a quibus duplex Octaviorum familia defluxit condicione diversa, siquidem Gnaeus et deinceps ab eo reliqui omnes functi sunt honoribus summis, at Gaius eiusque posteri seu fortuna seu voluntate in equestri ordine constiterunt usque ad Augusti patrem. Proavus Augusti secundo Punico bello stipendia in Sicilia tribunus militum fecit Aemilio Papo imperatore. Avus municipalibus magisteriis contentus abundante patrimonio tranquillissime senuit.
3 Sed haec alii; ipse Augustus nihil amplius quam equestri familia ortum se scribit, vetere ac locuplete et in qua primus senator pater suus fuerit. (M. Antonius libertinum ei proavum exprobrat, restionem e pago Thurino; avum argentarium). Nec quicquam ultra de paternis Augusti maioribus repperi.
3 C. Octavius pater a principio aetatis et re et existimatione magna fuit, ut equidem mirer hunc a nonnullis argentarium atque etiam inter divisores operasque campestres proditum; amplis enim innutritus opibus honores et adeptus est facile et egregie administravit. Ex praetura Macedoniam sortitus fugitivos, residuam Spartaci et Catilinae manum, Thurinum agrum tenentis in itinere delevit, negotio sibi in senatu extra ordinem
2 dato. Provinciae praefuit non minore iustitia quam fortitudine. Namque Bessis ac Thracibus magno proelio fusis ita socios tractavit, ut epistulae M. Ciceronis exstent, quibus Quintum fratrem (eodem tempore parum secunda fama proconsulatum Asiae administrantem) hortatur et monet, *imitetur in promerendis sociis vicinum suum Octavium* . . .

9. 63 Natus est Augustus M. Tullio Cicerone C. Antonio 5 conss. VIIII. Kal. Oct. paulo ante solis exortum, regione Palati ad Capita bubula (ubi nunc sacrarium habet, aliquanto post quam excessit constitutum; nam — ut senatus actis continetur — cum C. Laetorius, adulescens patricii generis, in deprecanda graviore adulterii poena, praeter aetatem atque natales hoc quoque patribus conscriptis allegaret: *esse possessorem ac velut aedituum soli, quod primum Divus Augustus nascens attigisset, peteretque donari quasi proprio suo ac peculiari deo,* decretum est, ut ea pars domus consecraretur). Nutrimentorum eius 6 ostenditur adhuc locus in avito suburbano iuxta Velitras permodicus et cellae penuariae instar, tenetque vicinitatem opinio, tamquam et natus ibi sit. Huc introire nisi necessario et caste religio est, — concepta opinione veteri, quasi temere adeuntibus horror quidam et metus obiciatur, sed et mox confirmata. . . .

Infanti cognomen „Thurino" inditum est, in 7 memoriam maiorum originis, vel quod regione Thurina recens eo nato pater Octavius adversus fugitivos rem prospere gesserat. . . . Postea „Gai Caesaris" et deinde 2 „Augusti" cognomen assumpsit — alterum testamento maioris avunculi, alterum Munati Planci sententia, cum — quibusdam censentibus „Romulum" appellari oportere, quasi et ipsum conditorem urbis
. 1. 27 — praevaluisset, ut „Augustus" potius vocaretur; non tantum novo, sed etiam ampliore cognomine, quod loca quoque religiosa et in quibus augurato quid consecratur „augusta" dicantur (ab „auctu", vel ab „avium gestu gustuve", sicut etiam Ennius docet, scribens:

„Augusto augurio postquam incluta condita
  Roma est").

8 Quadrimus patrem amisit. Duodecimum annum agens aviam Iuliam defunctam pro contione laudavit. Quadriennio post virili toga sumpta militaribus donis 46 triumpho Caesaris Africano donatus est, quamquam expers belli propter aetatem. Profectum mox avunculum in Hispanias adversus Cn. Pompei liberos — 45 vixdum firmus a gravi valitudine, per infestas hostibus vias, paucissimis comitibus, naufragio etiam facto — subsecutus magnopere demeruit, approbata cito etiam
2 morum indole super itineris industriam. Caesare post receptas Hispanias expeditionem in Dacos et inde in Parthos destinante praemissus Apolloniam studiis vacavit. Utque primum occisum eum heredemque se comperit, diu cunctatus, an proximas legiones imploraret, id quidem consilium ut praeceps immaturumque omisit, ceterum urbe repetita hereditatem adiit, dubitante matre, vitrico vero Marcio Philippo
3 consulari multum dissuadente. Atque ab eo tempore exercitibus comparatis primum cum Marco Antonio Marcoque Lepido, deinde tantum cum Antonio per duodecim fere annos, novissime per quattuor et quadraginta solus rem publicam tenuit.

9 Proposita vitae eius velut summa partes singillatim neque per tempora, sed per species exsequar, quo distinctius demonstrari cognoscique possint.

Bella civilia quinque gessit: Mutinense, Philip- 43, 42 pense, Perusinum, Siculum, Actiacum; e quibus 41, 37, primum ac novissimum adversus M. Antonium, secundum adversus Brutum et Cassium, tertium adversus L. Antonium, triumviri fratrem, quartum adversus
10 Sextum Pompeium, Cn. filium. Omnium bellorum initium et causam hinc sumpsit: *Nihil convenientius* ducens *quam necem avunculi vindicare tuerique acta*

confestim, ut Apollonia rediit, Brutum Cassiumque et vi necopinantis et, quia provisum periculum subterfugerant, legibus adgredi reosque caedis absentis deferre statuit. ...

43 Inita cum Antonio et Lepido societate Philippense 13 quoque bellum, quamquam invalidus atque aeger, duplici proelio transegit, quorum priore castris exutus vix ad Antoni cornu fuga evaserat. Nec successum victoriae moderatus est, sed capite Bruti Romam misso, ut statuae Caesaris subiceretur, in splendidissimum quemque captivum non sine verborum contumelia saeviit; ut quidem uni suppliciter sepulturam 2 precanti respondisse dicatur *iam istam volucrum fore potestatem*. ... Partitis post victoriam officiis, cum 3 Antonius Orientem ordinandum, ipse veteranos in Italiam reducendos et municipalibus agris collocandos recepisset, neque veteranorum neque possessorum gratiam tenuit, alteris pelli se, alteris non pro spe meritorum tractari querentibus ...

Perusia capta in plurimos animadvertit, orare 15 veniam vel excusare se conantibus una voce occurrens: *moriendum esse*. Scribunt quidam trecentos ex dediticiis electos utriusque ordinis ad aram Divo Iulio exstructam Idibus Martiis hostiarum more mactatos. Exstiterunt, qui traderent compecto eum ad arma isse, ut occulti adversarii et quos metus magis quam voluntas contineret, facultate L. Antoni ducis praebita, detegerentur devictisque eis et confiscatis promissa veteranis praemia persolverentur.

Siculum bellum inchoavit in primis, sed diu traxit 16 intermissum saepius. modo reparandarum classium causa (quas tempestatibus duplici naufragio et quidem per aestatem amiserat), modo pace facta (flagitante populo, ob interclusos commeatus famemque ingravescentem); donec navibus ex integro fabricatis ac viginti servorum milibus manumissis et ad remum datis Portum Iulium apud Baias immisso in Lucrinum et Avernum lacum mari effecit. In quo cum hieme tota copias exercuisset, Pompeium inter Mylas et 37 Naulochum superavit, sub horam pugnae tam arto repente somno devinctus, ut ad dandum signum ab amicis excitaretur. ...

4 Post Pompei fugam collegarum alterum M. Lepidum, quem ex Africa in auxilium evocarat, superbientem viginti legionum fiducia summasque sibi partes terrore et minis vindicantem spoliavit exercitu supplicemque — concessa vita — Cerceios in perpetuum relegavit.

17 M. Antoni societatem semper dubiam et incertam reconciliationibusque variis male focilatam abrupit tan-
2 dem. ... Nec multo post navali proelio apud Actium 2. 9. ε vicit, in serum dimicatione protracta, ut in nave victor
3 pernoctaverit. Ab Actio cum Samum in hiberna se recepisset, turbatus nuntiis de seditione praemia et missionem poscentium, quos ex omni numero confecta victoria Brundisium praemiserat, repetita Italia tempestate in traiectu bis conflictatus — primo inter promunturia Peloponnesi atque Aetoliae, rursus circa montes Ceraunios, utrubique parte Liburnicarum demersa, simul eius, in qua vehebatur, fusis armamentis et gubernaculo diffracto — nec amplius quam septem et viginti dies, donec desideria militum ordinarentur, Brundisii commoratus, Asiae Syriaeque circuitu Aegyptum petit obsessaque Alexandrea, quo Antonius cum Cleopatra confugerat, brevi potitus est.
4 Et Antonium quidem seras condiciones pacis temp-

tantem ad mortem adegit viditque mortuum. Cleopatrae, quam servatam triumpho magnopere cupiebat, etiam psyllos admovit, qui venenum ac virus exsugerent, quod perisse morsu aspidis putabatur. Ambobus communem sepulturae honorem tribuit ac tumulum ab ipsis inchoatum perfici iussit. Antonium **5** iuvenem, maiorem de duobus Fulvia genitis, simulacro Divi Iuli, ad quod post multas et irritas preces confugerat, abreptum interemit. Item Caesarionem, quem ex Caesare Cleopatra concepisse praedicabat, retractum e fuga supplicio adfecit. Reliquos Antoni reginaeque communes liberos — non secus ac necessitudine iunctos — sibi et conservavit et mox pro condicione cuiusque sustinuit ac fovit. Per idem tempus conditorium et **18** corpus Magni Alexandri, cum prolatum e penetrali subiecisset oculis, corona aurea imposita ac floribus aspersis, veneratus est; consultusque, num et Ptolemaeum inspicere vellet, *regem se voluisse* ait *videre, non mortuos.* Aegyptum in provinciae formam redac- 2 tam ut feraciorem habilioremque annonae urbicae redderet, fossas omnis, in quas Nilus exaestuat, oblimatas longa vetustate militari opere detersit. Quoque Actiacae victoriae memoria celebratior et in posterum esset, urbem Nicopolim apud Actium condidit ludosque illic quinquennales constituit, et ampliato vetere Apollinis templo locum castrorum, quibus fuerat usus, exornatum navalibus spoliis Neptuno ac Marti consecravit. . . .

15—33 Externa bella duo omnino per se gessit, Delmaticum **20**
26—25 adulescens adhuc et, Antonio devicto, Cantabricum. . . .
Reliqua per legatos administravit, ut tamen quibusdam Pannonicis atque Germanicis aut interveniret aut non longe abesset, Ravennam vel Mediolanium vel Aqui-

21 leiam usque ab urbe progrediens. Domuit autem, partim ductu, partim auspiciis suis, Cantabriam, Aquitaniam, Pannoniam, Delmatiam cum Illyrico omni, item Raetiam et Vindelicos ac Salassos, gentes Inalpinas. Coercuit et Dacorum incursiones, tribus eorum ducibus cum magna copia caesis, Germanosque ultra Albim fluvium summovit, ex quibus Suebos et 9, 5 Sigambros dedentis se traduxit in Galliam atque in proximis Rheno agris collocavit. Alias item nationes
2 male quietas ad obsequium redegit. Nec ulli genti sine iustis et necessariis causis bellum intulit, tantumque afuit a cupiditate quoquo modo imperium vel bellicam gloriam augendi, ut quorundam barbarorum principes in aede Martis Ultoris iurare coegerit mansuros se in fide ac pace quam peterent, a quibusdam vero novum genus obsidum, feminas, exigere temptaverit, quod neglegere marum pignera sentiebat. Et tamen potestatem semper omnibus fecit, quotiens vellent, obsides recipiendi. Neque aut crebrius aut perfidiosius rebellantis graviore umquam ultus est poena, quam ut captivos sub lege venumdaret, ne in vicina regione servirent neve intra tricensimum annum liberarentur.
3 Qua virtutis moderationisque fama Indos etiam ac Scythas — auditu modo cognitos — pellexit. ad amicitiam suam populique Romani ultro per legatos petendam. Parthi quoque et Armeniam vindicanti facile cesserunt et signa militaria, quae M. Crasso et 53 M. Antonio ademerant, reposcenti reddiderunt, obsi- 20 desque insuper obtulerunt, denique pluribus quondam de regno concertantibus non nisi ab ipso electum probaverunt.
22 Ianum Quirinum, semel atque iterum a condita urbe ante memoriam suam clausum, in multo breviore

temporis spatio terra marique pace parta ter clusit.
42 Bis ovans ingressus est urbem, post Philippense et
37 rursus post Siculum bellum. Curulis triumphos tris
29 egit, Delmaticum, Actiacum, Alexandrinum, continuo
triduo omnes. Graves ignominias cladesque duas 23
16 omnino nec alibi quam in Germania accepit, Lollianam
9 n. et Varianam; sed Lollianam maioris infamiae quam
detrimenti, Varianam paene exitiabilem, tribus legionibus cum duce legatisque et auxiliis omnibus caesis.
Hac nuntiata excubias per urbem indixit, ne quis
tumultus exsisteret, et praesidibus provinciarum pro-
pagavit imperium, ut a peritis et assuetis socii conti-
nerentur. Vovit et magnos ludos Iovi Optimo Maximo, 2
si res publica in meliorem statum vertisset: quod
$^{3-101}_{1-88}$ factum Cimbrico Marsicoque bello erat. Adeo denique
consternatum ferunt, ut per continuos menses barba
capilloque summisso caput interdum foribus illideret,
vociferans: „*Quintili Vare, legiones redde!*", diemque
cladis quotannis maestum habuerit ac lugubrem.

In re militari et commutavit multa et instituit at- 24
que etiam ad antiquum morem nonnulla revocavit.
Disciplinam severissime rexit. Ne legatorum quidem
cuiquam, nisi gravate hibernisque demum mensibus,
permisit uxorem intervisere. ... Decimam legionem con- 2
tumacius parentem cum ignominia totam dimisit,
item alias immodeste missionem postulantes citra
commoda emeritorum praemiorum exauctoravit. Co-
hortes, si quae cessissent loco, decimatas hordeo pavit.
Centuriones statione deserta — itidem ut manipulares
— capitali animadversione puniit, pro cetero delic-
torum genere variis ignominiis adfecit, ut stare per
totum diem iuberet ante praetorium, interdum tuni-
catos discinctosque, nonnumquam cum decempedis,

25 vel etiam caespitem portantes. Neque post bella civilia aut in contione aut per edictum ullos militum „commilitones" appellabat, sed „milites", ac ne a filiis quidem aut privignis suis imperio praeditis aliter appellari passus est, ambitiosius id existimans, quam aut ratio militaris aut temporum quies aut sua domusque suae **2** maiestas postularet. Libertino milite, praeterquam Romae incendiorum causa et si tumultus in graviore annona metueretur, bis usus est: semel ad praesidium coloniarum Illyricum contingentium, iterum ad tutelam ripae Rheni fluminis. Eosque, servos adhuc viris feminisque pecuniosioribus indictos ac sine mora manumissos, sub priore vexillo habuit, neque aut commixtos **3** cum ingenuis aut eodem modo armatos. Dona militaria aliquanto facilius phaleras et torques (quicquid auro argentoque constaret), quam vallares ac murales coronas (quae honore praecellerent) dabat. Has quam parcissime et sine ambitione ac saepe etiam caligatis tribuit. M. Agrippam in Sicilia post navalem victoriam caeruleo vexillo donavit. ...

4 Nihil autem minus perfecto duci quam festinationem temeritatemque convenire arbitrabatur. Crebro itaque illa iactabat: Σπεῦδε βραδέως!

'Ασφαλὴς γάρ ἐστ' ἀμείνων ἢ θρασὺς στρατηλάτης,
et: *sat celeriter fieri, quidquid fiat satis bene.* Proelium quidem aut bellum suscipiendum omnino negabat, nisi cum maior emolumenti spes quam damni metus ostenderetur. Nam *minima commoda non minimo sectantis discrimine similes* aiebat *esse aureo hamo piscantibus, cuius abrupti damnum nulla captura pensari posset.*

26 Magistratus atque honores et ante tempus et quosdam novi generis perpetuosque cepit. Consulatum

43 vicesimo aetatis anno invasit, admotis hostiliter ad
urbem legionibus missisque qui sibi — nomine exercitus — deposcerent, cum quidem cunctante senatu
Cornelius centurio, princeps legationis, reiecto sagulo
ostendens gladii capulum non dubitasset in curia
dicere: *Hic faciet, si vos non feceritis.* Secundum 2
33 consulatum post novem annos, tertium anno interiecto
23 gessit, sequentis usque ad undecimum continuavit,
multisque mox, cum deferrentur, recusatis duode-
5 cimum magno (id est septemdecim annorum) inter-
2 vallo et rursus tertium decimum biennio post ultro
petit, ut Gaium et Lucium filios amplissimo praeditus
magistratu suo quemque tirocinio deduceret in forum. ...

3—32   Triumviratum rei publicae constituendae per decem **27**
annos administravit; in quo restitit quidem aliquamdiu
collegis, ne qua fieret proscriptio, sed inceptam utroque
acerbius exercuit. Namque illis in multorum saepe per-
sonam per gratiam et preces exorabilibus, solus magnopere contendit, ne cui parceretur, proscripsitque etiam
C. Toranium tutorem suum, eundem collegam patris
sui Octavi in aedilitate. ... Tribuniciam potestatem per- 5
petuam recepit, in qua semel atque iterum per singula
lustra collegam sibi cooptavit. Recepit et morum le-
gumque regimen aeque perpetuum, quo iure, quamquam
sine censurae honore, censum tamen populi ter egit:
primum ac tertium cum collega, medium solus.

28   De reddenda re publica bis cogitavit: primum post **28**
oppressum statim Antonium, memor obiectum sibi
ab eo saepius, quasi per ipsum staret, ne redderetur;
ac rursus taedio diuturnae valitudinis, cum etiam
magistratibus ac senatu domum accitis rationarium
imperii tradidit. Sed reputans et se privatum non
sine periculo fore et illam plurium arbitrio temere

committi, in retinenda perseveravit, dubium, eventu
2 meliore an voluntate. Quam voluntatem cum prae se
identidem ferret, quodam etiam edicto his verbis
testatus est: *Ita mihi salvam ac sospitem rem publicam
sistere in sua sede liceat atque eius rei fructum percipere,
quem peto, ut optimi status auctor dicar et moriens
ut feram mecum spem, mansura in vestigio suo fundamenta rei publicae, quae iecero.* Fecitque ipse se
compotem voti, nisus omni modo, ne quem novi status
paeniteret.

3   Urbem neque pro maiestate imperii ornatam et
inundationibus incendiisque obnoxiam excoluit adeo,
ut iure sit gloriatus *marmoream se relinquere, quam
latericiam accepisset.* Tutam vero, quantum provideri
humana ratione potuit, etiam in posterum praestitit.
29 Publica opera plurima exstruxit...

30   Spatium urbis in regiones vicosque divisit instituitque, ut illas annui magistratus sortito tuerentur,
hos magistri e plebe cuiusque viciniae lecti. Adversus
incendia excubias nocturnas vigilesque commentus
est. Ad coercendas inundationes alveum Tiberis laxavit
ac repurgavit, completum olim ruderibus et aedificiorum prolationibus coartatum. Quo autem facilius
undique urbs adiretur, desumpta sibi Flaminia via
Arimino tenus munienda reliquas triumphalibus viris
ex manubiali pecunia sternendas distribuit.

2   Aedes sacras vetustate collapsas aut incendio absumptas refecit easque et ceteras opulentissimis donis
adornavit, ut qui in cellam Capitolini Iovis sedecim
milia pondo auri gemmasque ac margaritas quingenties
sestertium una donatione contulerit.

31   Postquam vero pontificatum maximum, quem
numquam vivo Lepido auferre sustinuerat, mortuo

demum suscepit, quidquid fatidicorum librorum Graeci Latinique generis nullis vel parum idoneis auctoribus vulgo ferebatur, supra duo milia contracta undique cremavit ac solos retinuit Sibyllinos, hos quoque dilectu habito; condiditque duobus forulis auratis sub Palatini Apollinis basi.

Annum a Divo Iulio ordinatum, sed postea negle- 2 gentia conturbatum atque confusum, rursus ad pristinam rationem redegit; in cuius ordinatione Sextilem mensem e suo cognomine nuncupavit (magis quam Septembrem, quo erat natus), quod hoc sibi et primus consulatus et insignes victoriae obtigissent.

Sacerdotum et numerum et dignitatem, sed et com- 3 moda, auxit; praecipue Vestalium virginum... Non- 4 nulla etiam ex antiquis caerimoniis paulatim abolita restituit, ut Salutis augurium, Diale flamonium, sacrum Lupercale, ludos Saeculares et Compitalicios... Compitales Lares ornari bis anno instituit vernis floribus et aestivis.

Proximum a dis immortalibus honorem memoriae 5 ducum praestitit, qui imperium populi Romani ex minimo maximum reddidissent. Itaque et opera cuiusque manentibus titulis restituit et statuas omnium triumphali effigie in utraque fori sui porticu dedicavit, professus et edicto: *commentum id se, ut ad illorum velut exemplar et ipse, dum viveret, et insequentium aetatium principes exigerentur a civibus.* Pompei quoque statuam contra theatri eius regiam marmoreo Iano superposuit translatam e curia, in qua C. Caesar fuerat occisus...

Ipse ius dixit assidue, et in noctem nonnum- 33 quam; si parum corpore valeret, lectica pro tribunali collocata, vel etiam domi cubans. Dixit autem ius non diligentia modo summa, sed et lenitate...

34 Leges retractavit et quasdam ex integro sanxit, ut sumptuariam et de adulteriis et de pudicitia, de ambitu, de maritandis ordinibus...

35 Senatorum affluentem numerum deformi et incondita turba — erant enim super mille, et quidam indignissimi et post necem Caesaris per gratiam et praemium adlecti, quos ,,orcivos" vulgus vocabat — ad modum pristinum et splendorem redegit duabus lectionibus: prima ipsorum arbitratu, quo vir virum legit, secunda suo et Agrippae...

37 Quo plures partem administrandae rei publicae caperent, nova officia excogitavit: curam operum publicorum, viarum, aquarum, alvei Tiberis, frumenti populo dividundi, praefecturam urbis, triumviratum legendi senatus et alterum recognoscendi turmas equitum, quotiensque opus esset. Censores creari desitos longo intervallo creavit. Numerum praetorum auxit. Exegit etiam, ut, quotiens consulatus sibi daretur, binos pro singulis collegas haberet, nec obtinuit, reclamantibus cunctis satis maiestatem eius imminui, quod honorem eum non solus, sed cum altero **38** gereret. Nec parcior in bellica virtute honoranda, super triginta ducibus iustos triumphos et aliquanto pluribus triumphalia ornamenta decernenda curavit...

39 Impetratis a senatu decem adiutoribus unum quemque equitum rationem vitae reddere coegit atque in exprobratis alios poena, alios ignominia notavit, plures admonitione, sed varia. Lenissimum genus admonitionis fuit traditio coram pugillarium, quos taciti et ibidem statim legerent; notavitque aliquos, quod pecunias levioribus usuris mutuati graviore faenore collocassent...

40 5 Etiam habitum vestitumque pristinum reducere

studuit, ac visa quondam pro contione pullatorum turba indignabundus et clamitans: *En
Romanos, rerum dominos, gentemque togatam!*
negotium aedilibus dedit, ne quem posthac paterentur in foro circave nisi positis lacernis togatum consistere.

Liberalitatem omnibus ordinibus per occasiones fre= **41** quenter exhibuit... Ut salubrem magis quam ambi- **42** tiosum principem scires, querentem de inopia et caritate vini populum severissima coercuit voce: *satis provisum a genero suo Agrippa perductis pluribus aquis, ne homines sitirent....*

Spectaculorum et assiduitate et varietate et magni- **43** ficentia omnes antecessit. *Fecisse se ludos* ait *suo nomine quater; pro aliis magistratibus, qui aut abessent aut non sufficerent, ter et vicies.* Fecitque nonnumquam etiam vicatim ac pluribus scaenis per omnium linguarum histriones. Venationes non in foro modo nec in amphitheatro, sed et in circo et in Saeptis, et aliquando nihil praeter venationem edidit; athletas quoque, exstructis in campo Martio sedilibus ligneis; item navale proelium circa Tiberim, cavato solo (in quo nunc Caesarum nemus est). Quibus diebus custodes in urbe disposuit, ne raritate remanentium grassatoribus obnoxia esset. In circo aurigas cursoresque **2** et confectores ferarum — et nonnumquam ex nobilissima iuventute — produxit. Sed et Troiae lusum edidit frequentissime maiorum minorumque puerorum, prisci decorique moris existimans clarae stirpis indolem sic notescere. ... Solebat etiam citra spectaculorum **4** dies, si quando quid invisitatum dignumque cognitu advectum esset, id extra ordinem quolibet loco publicare, ut rhinocerotem apud Saepta, tigrim in scaena, anguem quinquaginta cubitorum pro comitio.

5 Accidit votivis circensibus, ut correptus valitudine lectica cubans tensas deduceret; rursus commissione ludorum, quibus theatrum Marcelli dedicabat, evenit, ut — laxatis sellae curulis compagibus — caderet supinus. Nepotum quoque suorum munere cum consternatum ruinae metu populum retinere et confirmare nullo modo posset, transiit e loco suo atque in ea parte consedit, quae suspecta maxime erat. ...

14 2 Militem secrevit a populo. Maritis e plebe proprios ordines assignavit, praetextatis cuneum suum, et proximum paedagogis; sanxitque, ne quis pullatorum media cavea sederet. Feminis ne gladiatores quidem (quos promiscue spectari sollemne olim erat) nisi ex
3 superiore loco spectare concessit. Solis virginibus Vestalibus locum in theatro separatim et contra praetoris tribunal dedit. Athletarum vero spectaculo muliebre secus omne adeo summovit, ut pontificalibus ludis pugilum par postulatum distulerit in insequentis diei matutinum tempus edixeritque: *mulieres ante horam quintam venire in theatrum non placere.*

45 Ipse circenses ex amicorum fere libertorumque cenaculis spectabat, interdum ex pulvinari, et quidem cum coniuge ac liberis sedens. ...

47 Provincias validiores et quas annuis magistratuum imperiis regi nec facile nec tutum erat, ipse suscepit, ceteras proconsulibus sortito permisit. Et tamen nonnullas commutavit interdum atque ex utroque genere plerasque saepius adiit. ...

48 Regnorum quibus belli iure potitus est, praeter pauca aut eisdem, quibus ademerat, reddidit, aut alienigenis contribuit. Reges socios etiam inter semet ipsos necessitudinibus mutuis iunxit, promptissimus

affinitatis cuiusque atque amicitiae conciliator et
fautor; nec aliter universos, quam membra partesque
imperii, curae habuit, rectorem quoque solitus appo-
nere aetate parvis aut mente lapsis, donec adolescerent
aut resipiscerent. Ac plurimorum liberos et educavit
simul cum suis et instituit. . . .

Quidquid ubique militum esset, ad certam stipendi- **49** 2
orum praemiorumque formulam adstrinxit, definitis
pro gradu cuiusque et temporibus militiae et com-
modis missionum, ne aut aetate aut inopia post missionem sollicitari ad res novas possent. Utque perpetuo
ac sine difficultate sumptus ad tuendos eos prosequen-
dosque suppeteret, aerarium militare cum vectigalibus
6 novis constituit.

Et quo celerius ac sub manum adnuntiari cognosci- 3
que posset, quid in provincia quaque gereretur, iuvenes
primo modicis intervallis per militares vias, dehinc
vehicula disposuit; commodius id visum est, ut, qui
a loco perferunt litteras, interrogari quoque, si quid
res exigant, possint.

In diplomatibus libellisque et epistulis signandis **50**
initio sphinge usus est, mox imagine Magni Alexandri,
novissime sua, Dioscuridis manu sculpta, — qua
signare insecuti quoque principes perseverarunt. Ad
epistulas omnis horarum quoque momenta nec diei
modo, sed et noctis, quibus datae significarentur,
addebat.

Clementiae civilitatisque eius multa et magna **51**
documenta sunt. . . .

Templa quamvis sciret etiam proconsulibus decerni **52**
solere, in nulla tamen provincia nisi communi suo
Romaeque nomine recepit; nam in urbe quidem
pertinacissime abstinuit hoc honore. Atque etiam

argenteas statuas, olim sibi positas,· conflavit omnis exque eis aureas cortinas Apollini Palatino dedicavit.

Dictaturam, magna vi offerente populo, genu nixus, deiecta ab umeris toga, nudo pectore, deprecatus est. "Domini" appellationem ut maledictum et opprobrium semper exhorruit. Cum spectante eo ludos pronuntiatum esset in mimo:

"O dominum aequum et bonum!"

et universi, quasi de ipso dictum, exsultantes comprobassent, et statim manu vultuque indecoras adulationes repressit et insequenti die gravissimo corripuit edicto. "Dominum"que se posthac appellari ne a liberis quidem aut nepotibus suis vel serio vel ioco passus est atque eius modi blanditias etiam inter ipsos prohibuit. Non temere urbe oppidove ullo egressus aut quoquam ingressus est, nisi vespera aut noctu, ne quem officii causa inquietaret. In consulatu pedibus fere, extra consulatum saepe adoperta sella per publicum incessit. Promiscuis salutationibus admittebat et plebem — tanta comitate adeuntium desideria excipiens, ut quendam ioco corripuerit, quod sic sibi libellum porrigere dubitaret, *quasi elephanto stipem.* Die senatus numquam patres nisi in curia salutavit, et quidem sedentis ac nominatim singulos nullo submonente; etiam discedens eodem modo sedentibus valere dicebat. Officia cum multis mutuo exercuit nec prius dies cuiusque sollemnes frequentare desiit, quam grandior iam natu et in turba quondam sponsaliorum die vexatus. Gallum Cerrinium senatorem, minus sibi familiarem, sed captum repente oculis et ob id inedia mori destinantem, praesens consolando revocavit ad vitam.

In senatu verba facienti dictum est: Non intellexi,

et ab alio: Contradicerem tibi, si locum haberem. Interdum ob immodicas disceptantium altercationes e curia per iram se proripienti quidam ingesserunt, licere oportere senatoribus de re publica loqui. Antistius Labeo senatus lectione, cum vir virum legeret, M. Lepidum — hostem olim eius et tunc exsulantem — legit, interrogatusque ab eo, an essent alii digniores, suum quemque iudicium habere respondit. Nec ideo libertas aut contumacia fraudi cuiquam fuit. Etiam 55 sparsos de se in curia famosos libellos nec expavit et magna cura redarguit ac — ne requisitis quidem auctoribus — id modo censuit, *cognoscendum posthac de eis, qui libellos aut carmina ad infamiam cuiuspiam sub alieno nomine edant.*

Iocis quoque quorundam invidiosis aut petulan- 56 tibus lacessitus contradixit edicto. Et tamen ne de inhibenda testamentorum licentia quicquam constitueretur, intercessit. ... Forum angustius fecit, non 2 ausus extorquere possessoribus proximas domos. Numquam filios suos populo commendavit, ut non adiceret: *Si merebuntur.* Eisdem praetextatis adhuc assurrectum ab universis in theatro et a stantibus plausum gravissime questus est. Amicos ita magnos et potentes in civitate esse voluit, ut tamen pari iure essent, quo ceteri, legibusque iudiciariis aeque tenerentur. ...

2 „Patris Patriae" cognomen universi repentino 58 maximoque consensu detulerunt ei: prima plebs, legatione Antium missa; dein, quia non recipiebat, ineunti Romae spectacula frequens et laureata; mox in curia senatus — neque decreto neque acclamatione, sed per Valerium Messalam. Is mandantibus cunctis: 2 „Quod bonum, inquit, faustumque sit tibi domuique tuae, Caesar Auguste! Sic enim nos perpetuam

felicitatem rei publicae et laeta huic urbi precari existimamus: senatus te consentiens cum populo Romano consalutat Patriae Patrem." Cui lacrimans respondit Augustus his verbis — ipsa enim, sicut Messalae, posui —: *Compos factus votorum meorum, patres conscripti, quid habeo aliud deos immortales precari, quam ut hunc consensum vestrum ad ultimum finem vitae mihi perferre liceat?* ...

61 Quoniam, qualis in imperiis ac magistratibus regendaque per terrarum orbem pace belloque re publica fuerit, exposui, referam nunc interiorem ac familiarem eius vitam, quibusque moribus atque fortuna domi et inter suos egerit a iuventa usque ad supremum vitae diem.

2 Matrem amisit in primo consulatu, sororem Octaviam quinquagensimum et quartum agens aetatis annum. Utrique cum praecipua officia vivae praestitisset, etiam defunctae honores maximos tribuit.

62 Sponsam habuerat adulescens P. Servili Isaurici filiam, sed reconciliatus post primam discordiam Antonio, expostulantibus utriusque militibus, ut et necessitudine aliqua iungerentur, privignam eius Claudiam, Fulviae ex P. Clodio filiam, duxit uxorem vixdum nubilem, ac simultate cum Fulvia socru orta
2 dimisit. Mox Scriboniam in matrimonium accepit, nuptam ante duobus consularibus, ex altero etiam matrem. Cum hac quoque divortium fecit, *pertaesus*, 39 ut scribit, *morum perversitatem eius*, ac statim Liviam Drusillam matrimonio Tiberi Neronis et quidem praegnantem abduxit dilexitque et probavit unice ac perseveranter.

63 Ex Scribonia Iuliam, ex Livia nihil liberorum tulit, cum maxime cuperet. Infans, qui conceptus

24 erat, immaturus est editus. Iuliam primum Marcello (Octaviae sororis suae filio tantum quod pueritiam 21 egresso), deinde, ut is obiit, M. Agrippae nuptum dedit, exorata sorore, ut sibi genero cederet (nam tunc Agrippa alteram Marcellarum habebat et ex ea liberos). 12 Hoc quoque defuncto — multis ac diu, etiam ex equestri 2 ordine, circumspectis condicionibus — Tiberium privignum suum elegit coegitque praegnantem uxorem et ex qua iam pater erat dimittere. ...

Nepotes ex Agrippa et Iulia tres habuit: Gaium et 64 Lucium et Agrippam; neptes duas: Iuliam et Agrippinam. ... Gaium et Lucium adoptavit domi per assem et libram emptos a patre Agrippa, tenerosque adhuc ad curam rei publicae admovit et consules designatos circum provincias exercitusque dimisit. Filiam et 2 neptes ita instituit, ut etiam lanificio assuefaceret vetaretque loqui aut agere quicquam nisi propalam et quod in diurnos commentarios referretur. ... Laetum 65 eum atque fidentem et subole et disciplina domus Fortuna destituit. Iulias, filiam et neptem, omnibus probris contaminatas relegavit; Gaium et Lucium in n., 2 n. duodeviginti mensium spatio amisit ambos, Gaio in Lycia, Lucio Massiliae defunctis. Tertium nepotem 4 n. Agrippam simulque privignum Tiberium adoptavit in foro lege curiata; ex quibus Agrippam brevi ob ingenium sordidum ac ferox abdicavit seposuitque Surrentum.

Aliquanto autem patientius mortem quam dede- 2 cora suorum tulit. Nam Gai Lucique casu non adeo 2 fractus, de filia absens ac libello per quaestorem recitato notum senatui fecit abstinuitque congressu hominum diu prae pudore, etiam de necanda deliberavit. ... Agrippam (nihilo tractabiliorem, immo in dies 4 amentiorem) in insulam transportavit saepsitque custodia militum. Cavit etiam senatus consulto, ut eodem loci in perpetuum contineretur. Atque ad omnem et eius et Iuliarum mentionem ingemiscens proclamare etiam solebat:

Αἴθ' ὄφελον ἄγαμός τ' ἔμεναι ἄγονός τ' ἀπολέσθαι!
nec aliter eos appellare, quam tris vomicas ac tria carcinomata sua.

66 Amicitias neque facile admisit et constantissime retinuit, non tantum virtutes ac merita cuiusque digne prosecutus, sed vitia quoque et delicta — dumtaxat modica — perpessus. Neque enim temere ex omni numero in amicitia eius afflicti reperientur.
3 ... Reliqui potentia atque opibus ad finem vitae sui quisque ordinis principes floruerunt; quamquam et offensis intervenientibus: desideravit enim nonnumquam (ne de pluribus referam) et M. Agrippae patientiam et Maecenatis taciturnitatem, — cum ille ex levi frigoris suspicione et, quod Marcellus sibi anteferretur, Mytilenas se relictis omnibus contulisset, hic secretum de comperta Murenae coniuratione uxori
4 Terentiae prodidisset. Exegit et ipse in vicem ab amicis benivolentiam mutuam, tam a defunctis quam a vivis. ...

67 Patronus dominusque non minus severus quam facilis et clemens multos libertorum in honore et usu maximo habuit. ...

70 2 Notatus est ut pretiosae supellectilis Corinthiorumque praecupidus et aleae indulgens. ...

71 Aleae rumorem nullo modo expavit lusitque simpliciter et palam oblectamenti causa etiam senex ac praeterquam Decembri mense aliis quoque festis et profestis diebus. ...

In ceteris partibus vitae continentissimum fuisse 72
constat ac sine suspicione ullius vitii. Habitavit primo
iuxta Romanum forum supra Scalas anularias in domo,
quae Calvi oratoris fuerat; postea in Palatio, sed nihilo
minus aedibus modicis Hortensianis et neque laxitate
neque cultu conspicuis, ut in quibus porticus breves
essent Albanarum columnarum et sine marmore ullo
aut insigni pavimento conclavia. Ac per annos amplius quadraginta eodem cubiculo hieme et aestate
mansit, quamvis parum salubrem valitudini suae
urbem hieme experiretur, assidueque in urbe hiemavit.
Si quando quid secreto aut sine interpellatione agere 2
proposuisset, erat illi locus in edito singularis, quem
,,Syracusas" et ,,Technyphion" vocabat: huc transibat
aut in alicuius libertorum suburbanum. Aeger autem
in domo Maecenatis cubabat. Ex secessibus praecipue
frequentavit maritima insulasque Campaniae aut
proxima urbi oppida, Lanuvium, Praeneste, Tibur,
ubi etiam in porticibus Herculis templi persaepe ius
dixit. Ampla et operosa praetoria gravabatur; et 3
neptis quidem suae Iuliae, profuse ab ea exstructa,
etiam diruit ad solum, sua vero quamvis modica non
tam statuarum tabularumque pictarum ornatu, quam
xystis et nemoribus excoluit rebusque vetustate ac
raritate notabilibus: qualia sunt Capreis immanium
beluarum ferarumque membra praegrandia, quae
dicuntur ,,Gigantum ossa" et ,,arma heroum". Instru- 73
menti eius et supellectilis parsimonia apparet etiam
nunc residuis lectis atque mensis, quorum pleraque vix
privatae elegantiae sint. Ne toro quidem cubuisse
aiunt nisi humili et modice instrato.

Veste non temere alia quam domestica usus est, 2
ab sorore et uxore et filia neptibusque confecta; togis

neque restrictis neque fusis, clavo nec lato nec angusto, calciamentis altiusculis, ut procerior quam erat videretur. Et forensia autem et calceos numquam non intra cubiculum habuit ad subitos repentinosque casus parata.

74 Convivabatur assidue nec umquam nisi recta, non sine magno ordinum hominumque dilectu. ...

75 Festos et sollemnes dies profusissime, nonnumquam tantum ioculariter celebrabat. Saturnalibus, et si quando alias libuisset, modo munera dividebat (vestem et aurum et argentum), modo nummos omnis notae (etiam veteres regios ac peregrinos), interdum nihil praeter cilicia et spongias et rutabula et forpices atque alia id genus, titulis obscuris et ambiguis. Solebat et inaequalissimarum rerum sortes et aversas tabularum picturas in convivio venditare incertoque casu spem mercantium vel frustrari vel explere, — ita ut per singulos lectos licitatio fieret et seu iactura seu lucrum communicaretur.

76 Cibi — nam ne haec quidem omiserim — minimi erat atque vulgaris fere. Secundarium panem et pisciculos minutos et caseum bibulum manu pressum et ficos virides biferas maxime appetebat; vescebaturque et ante cenam quocumque tempore et loco, quo
2 stomachus desiderasset. ... Ex hac inobservantia nonnumquam vel ante initum vel post dimissum convivium solus cenitabat, cum pleno convivio nihil
77 tangeret. Vini quoque natura parcissimus erat. ... Et maxime delectatus est Raetico; neque temere interdiu bibit. Pro potione sumebat perfusum aqua frigida panem aut cucumeris frustum vel lactuculae thyrsum aut recens aridumve pomum suci vinosioris.

78 Post cibum meridianum, ita ut vestitus calciatusque

erat, retectis pedibus paulisper conquiescebat, opposita ad oculos manu. A cena in lecticulam se lucubratoriam recipiebat: ibi, donec residua diurni actus (aut omnia aut ex maxima parte) conficeret, ad multam noctem permanebat. In lectum inde transgressus non amplius cum plurimum, quam septem horas dormiebat, ac ne eas quidem continuas, sed ut in illo temporis spatio ter aut quater expergisceretur. Si interruptum 2 somnum reciperare, ut evenit, non posset, lectoribus aut fabulatoribus arcessitis resumebat producebatque ultra primam saepe lucem. Nec in tenebris vigilavit umquam nisi assidente aliquo. Matutina vigilia offendebatur; ac si vel officii vel sacri causa maturius vigilandum esset, ne id contra commodum faceret, in proximo cuiuscumque domesticorum cenaculo manebat. Sic quoque saepe indigens somni, et dum per vicos deportaretur et deposita lectica, inter aliquas moras condormiebat.

Forma fuit eximia et per omnes aetatis gradus ve- **79** nustissima, quamquam et omnis lenocinii neglegens; in capite comendo tam incuriosus, ut raptim compluribus simul tonsoribus operam daret ac modo tonderet, modo raderet barbam eoque ipso tempore aut legeret aliquid aut etiam scriberet. Vultu erat vel in sermone vel tacitus adeo tranquillo serenoque, ut quidam e primoribus Galliarum confessus sit inter suos, *eo se inhibitum ac remollitum, quominus, ut destinarat, in transitu Alpium per simulationem colloquii propius admissus in praecipitium propelleret.* Oculos habuit 2 claros ac nitidos, quibus etiam existimari volebat inesse quiddam divini vigoris; gaudebatque, si qui sibi acrius contuenti quasi ad fulgorem solis vultum summitteret; sed in senecta sinistro minus vidit.

Dentes raros et exiguos et scabros; capillum leviter inflexum et subflavum; supercilia coniuncta; mediocres aures; nasum et a summo eminentiorem et ab imo deductiorem; colorem inter aquilum candidumque; staturam brevem, — quam tamen Iulius Marathus, libertus et a memoria eius, quinque pedum et dodrantis fuisse tradit —, sed quae commoditate et aequitate membrorum occuleretur, ut non nisi ex comparatione adstantis alicuius procerioris intellegi posset. . . .

81 Graves et periculosas valitudines per omnem vitam aliquot expertus est; praecipue Cantabria 23 domita, cum etiam destillationibus iocinere vitiato ad desperationem redactus, contrariam et ancipitem rationem medendi necessario subiit: quia calida fomenta non proderant, frigidis curari coactus, auctore Antonio Musa. . . .

83 Exercitationes campestres equorum et armorum statim post civilia bella omisit et ad pilam primo folliculumque transiit, mox nihil aliud quam vectabatur et deambulabat, ita ut in extremis spatiis subsultim decurreret, segestria vel lodicula involutus. Animi laxandi causa modo piscabatur hamo, modo talis aut ocellatis nucibusque ludebat cum pueris minutis, quos facie et garrulitate amabilis undique conquirebat, praecipue Mauros et Syros. . . .

84 Eloquentiam studiaque liberalia ab aetate prima et cupide et laboriosissime exercuit. Mutinensi bello in 43 tanta mole rerum et legisse et scripsisse et declamasse cotidie traditur. Nam deinceps neque in senatu neque apud populum neque apud milites locutus est umquam nisi meditata et composita oratione, quamvis non 2 deficeretur ad subita extemporali facultate. Ac ne periculum memoriae adiret aut in ediscendo tempus absumeret, instituit recitare omnia. Sermones quoque cum singulis atque etiam cum Livia sua graviores non nisi scriptos et e libello habebat, ne plus minusve loqueretur ex tempore. Pronuntiabat dulci et proprio quodam oris sono dabatque assidue phonasco operam. Sed nonnumquam, infirmatis faucibus, praeconis voce ad populum contionatus est.

Multa varii generis prosa oratione composuit, ex **85** quibus nonnulla in coetu familiarium velut in auditorio recitavit, sicut Rescripta Bruto de Catone (quae volumina, cum iam senior ex magna parte legisset, fatigatus Tiberio tradidit perlegenda); item Hortationes ad philosophiam, et aliqua De vita sua (quam 7—24 tredecim libris Cantabrico tenus bello nec ultra exposuit). Poetica summatim attigit. Unus liber exstat, scriptus 2 ab eo hexametris versibus; cuius et argumentum et titulus est Sicilia. Exstat alter, aeque modicus, Epigrammatum, quae fere tempore balinei meditabatur. Nam tragoediam, magno impetu exorsus, non succedenti stilo abolevit, quaerentibusque amicis, quidnam Aiax ageret, respondit *Aiacem suum in spongiam incubuisse*.

Genus eloquendi secutus est elegans et temperatum, **86** vitatis sententiarum ineptiis atque concinnitate et *reconditorum verborum*, ut ipse dicit, *fetoribus;* praecipuamque curam duxit *sensum animi quam apertissime exprimere*. Quod quo facilius efficeret (aut: necubi lectorem vel auditorem obturbaret ac moraretur), neque praepositiones urbibus addere neque coniunctiones saepius iterare dubitavit (quae detractae afferunt aliquid obscuritatis, etsi gratiam augent). Cacozelos et antiquarios, ut diverso genere vitiosos, 2 pari fastidio sprevit exagitabatque nonnumquam; in primis Maecenatem suum, cuius *myrobrechis*, ut ait, *cincinnos* usque quaque persequitur et imitando per iocum irridet; sed nec Tiberio parcit et exoletas interdum et reconditas voces aucupanti; M. quidem Antonium ut insanum increpat, quasi ea scribentem, quae mirentur potius homines quam intellegant. ... Et quadam epistula Agrippinae neptis ingenium conlaudans: *Sed opus est,* inquit, *dare te operam, ne moleste scribas et loquaris.*

87 Cotidiano sermone quaedam frequentius et notabiliter usurpasse eum litterae ipsius autographae ostentant; in quibus identidem, cum aliquos numquam soluturos significare vult, *ad Kalendas Graecas* soluturos ait; et, cum hortatur ferenda esse praesentia, qualiacumque sint: *contenti simus hoc Catone;* et ad exprimendam festinatae rei velocitatem: *celerius quam*
2 *asparagi coquuntur.* Ponit assidue et pro „stulto" *baceolum,* et pro „pullo" *gallinaceum,* et pro „cerrito" *vacerrosum,* et *vapide* se habere pro „maie", et *betizare* pro „languere" (quod vulgo lachanizare dicitur); item *simus* pro „sumus", et *domos* genetivo casu singulari pro „domus" — nec umquam aliter haec duo, ne quis mendam magis quam consuetudinem putet.

3 Notavi et in chirographo eius illa praecipue: non dividit verba, nec ab extrema parte versuum abundantis litteras in alterum transfert, sed ibidem statim
88 subicit circumducitque. Orthographiam — id est formulam rationemque scribendi a grammaticis institutam — non adeo custodit, ac videtur eorum potius sequi opinionem, qui *perinde scribendum ac loquamur* existiment. Nam quod saepe non litteras modo, sed syllabas aut permutat aut praeterit, communis hominum error est, nec ego id notarem, nisi mihi mirum

videretur tradidisse aliquos legato eum consulari successorem dedisse, ut rudi et indocto, cuius manu *ixi* pro „ipsi" scriptum animadverterit. Quotiens autem per notas scribit, B pro A, C pro B ac deinceps eadem ratione sequentis litteras ponit; pro X autem duplex A.

Ne Graecarum quidem disciplinarum leviore studio 89 tenebatur. ...

Ingenia saeculi sui omnibus modis fovit; recitantis 3 et benigne et patienter audiit, nec tantum carmina et historias, sed et orationes et dialogos. Componi tamen aliquid de se, nisi et serio et a praestantissimis, offendebatur, admonebatque praetores, ne paterentur nomen suum commissionibus obsolefieri.

Circa religiones talem accepimus. Tonitrua et 90 fulgura paulo infirmius expavescebat, ut semper et ubique pellem vituli marini circumferret pro remedio atque ad omnem maioris tempestatis suspicionem in abditum et concamaratum locum se reciperet, consternatus olim per nocturnum iter transcursu fulguris, ut praediximus. Somnia neque sua neque aliena de 91 42 se neglegebat. Philippensi acie quamvis statuisset non egredi tabernaculo propter valitudinem, egressus est tamen amici somnio monitus; cessitque res prospere, quando, captis castris, lectica eius, quasi ibi cubans remansisset, concursu hostium confossa atque lacerata est. Ipse per omne ver plurima et formidulosissima et vana et irrita videbat, reliquo tempore rariora et minus vana. ...

Auspicia et omina quaedam pro certissimis obser- 92 vabat: si mane sibi calceus perperam — ac sinister pro dextro — induceretur, ut dirum; si, terra marive ingrediente se longinquam profectionem, forte rorasset, ut laetum maturique et prosperi reditus. Sed et ostentis

praecipue movebatur. Enatam inter iuncturas lapidum ante domum suam palmam in compluvium deorum Penatium transtulit utque coalesceret magno opere 2 curavit. Apud insulam Capreas veterrimae ilicis demissos iam ad terram languentisque ramos convaluisse adventu suo adeo laetatus est, ut eas cum re publica Neapolitanorum permutaverit, Aenaria data. Observabat et dies quosdam, ne aut postridie nundinas quoquam proficisceretur, aut nonis quicquam rei seriae incoharet; *nihil in hoc quidem aliud devitans*, ut ad Tiberium scribit, *quam δυσφημίαν nominis*.
93 Peregrinarum caerimoniarum sicut veteres ac praeceptas reverentissime coluit, ita ceteras contemptui habuit. Namque Athenis initiatus, cum postea Romae pro tribunali de privilegio sacerdotum Atticae Cereris cognosceret et quaedam secretiora proponerentur, dimisso consilio et corona circumstantium solus audiit disceptantes. At contra non modo in peragranda Aegypto paulo deflectere ad visendum Apin supersedit, sed et Gaium nepotem, quod Iudaeam praetervehens apud Hierosolyma non supplicasset, conlaudavit.

94 Et quoniam ad haec ventum est, non ab re fuerit subtexere, quae ei prius quam nasceretur et ipso natali die ac deinceps evenerint, quibus futura magnitudo eius et perpetua felicitas sperari animadvertique posset.
2 Velitris antiquitus tacta de caelo parte muri, responsum est eius oppidi civem quandoque rerum potiturum; qua fiducia Veliterni et tunc statim et postea saepius paene ad exitium sui cum populo Romano belligeraverant; sero tandem documentis apparuit, ostentum 3 illud Augusti potentiam portendisse. Auctor est Iulius Marathus, ante paucos quam nasceretur menses prodigium Romae factum publice, quo denuntiabatur, regem

populo Romano naturam parturire; senatum exterritum censuisse, ne quis illo anno genitus educaretur; eos, qui gravidas uxores haberent, quod ad se quisque spem traheret, curasse ne senatus consultum ad aerarium deferretur. In Asclepiadis Mendetis Theo- 4 logumenon libris lego, Atiam, cum ad sollemne Apollinis sacrum media nocte venisset, posita in templo lectica, dum ceterae matronae adorarent, obdormisse; draconem repente irrepsisse ad eam pauloque post egressum; illam expergefactam quasi a concubitu mariti purificasse se; et statim in corpore eius exstitisse maculam velut picti draconis, nec potuisse umquam exigi, adeo ut mox publicis balineis perpetuo abstinuerit; Augustum natum mense decimo et ob hoc Apollinis filium existimatum. Eadem Atia, prius quam pareret, somniavit, intestina sua ferri ad sidera explicarique per omnem terrarum et caeli ambitum. Somniavit et pater Octavius, utero Atiae iubar solis exortum.

Quo natus est die, cum de Catilinae coniuratione 5 ageretur in curia et Octavius, ob uxoris puerperium, serius affuisset, nota ac vulgata res est P. Nigidium — comperta morae causa, ut horam quoque partus acceperit — affirmasse dominum terrarum orbi natum. Octavio postea, cum per secreta Thraciae exercitum duceret, in Liberi patris luco barbara caerimonia de filio consulenti, idem affirmatum est a sacerdotibus, quod infuso super altaria mero tantum flammae emicuisset, ut supergressa fastigium templi ad caelum usque ferretur, unique omnino Magno Alexandro apud easdem aras sacrificanti simile provenisset ostentum. Atque etiam sequenti statim nocte videre visus est 6 filium mortali specie ampliorem, cum fulmine et sceptro exuviisque Iovis Optimi Maximi ac radiata corona, super laureatum currum, bis senis equis candore eximio trahentibus. Infans adhuc (ut scriptum apud C. Drusum exstat) repositus vespere in cunas a nutricula loco plano, postera luce non comparuit, diuque quaesitus tandem in altissima turri repertus est, iacens contra solis exortum.

7 Cum primum fari coepisset, in avito suburbano obstrepentis forte ranas silere iussit, atque ex eo negantur ibi ranae coaxare. Ad quartum lapidem Campanae viae in nemore prandenti ex inproviso aquila panem ei e manu rapuit, et, cum altissime evolasset, rursus ex inproviso leniter delapsa reddidit.

8 Q. Catulus post dedicatum Capitolium duabus continuis noctibus somniavit: prima, Iovem Optimum Maximum e praetextatis compluribus circum aram ludentibus unum secrevisse, atque in eius sinum signum rei publicae, quod manu gestaret, reposuisse; at insequenti, animadvertisse se in gremio Capitolini Iovis eundem puerum, quem cum detrahi iussisset, prohibitum monitu dei, tamquam is ad tutelam rei publicae educaretur; ac die proximo obvium sibi Augustum, cum incognitum alias haberet, non sine admiratione contuitus, simillimum dixit puero, de quo somniasset. (Quidam prius somnium Catuli aliter exponunt: quasi Iuppiter compluribus praetextatis, tutorem a se poscentibus, unum ex eis demonstrasset, ad quem omnia desideria sua referrent, eiusque osculum, delibatum digitis, ad os suum rettulisset.)

9 M. Cicero, C. Caesarem in Capitolium prosecutus, somnium pristinae noctis familiaribus forte narrabat: puerum facie liberali, demissum e caelo catena aurea, ad fores Capitoli constitisse eique Iovem flagellum tradidisse; deinde repente Augusto viso, quem —

ignotum plerisque adhuc — avunculus Caesar ad
sacrificandum acciverat, affirmavit ipsum esse, cuius
imago secundum quietem sibi obversata sit. Sumenti 10
virilem togam tunica lati clavi, resuta ex utraque parte,
ad pedes decidit. Fuerunt qui interpretarentur, non
aliud significare, quam ut is ordo, cuius insigne id
esset, quandoque ei subiceretur.

Apud Mundam Divus Iulius, castris locum capiens 11
cum silvam caederet, arborem palmae repertam con-
servari ut omen victoriae iussit; ex ea continuo enata
suboles adeo in paucis diebus adolevit, ut non aequi-
peraret modo matricem, verum et obtegeret frequen-
tareturque columbarum nidis, quamvis id avium
genus duram et asperam frondem maxime vitet. Illo
et praecipue ostento motum Caesarem ferunt, ne quem
alium sibi succedere quam sororis nepotem vellet.
In secessu Apolloniae Theogenis mathematici per- 12
gulam comite Agrippa ascenderat; cum Agrippae,
qui prior consulebat, magna et paene incredibilia
praedicerentur, reticere ipse genituram suam nec velle
edere perseverabat, metu ac pudore — ne minor
inveniretur. Qua tamen post multas adhortationes
vix et cunctanter edita, exsilivit Theogenes adoravitque
eum. Tantam mox fiduciam fati Augustus habuit,
ut thema suum vulgaverit nummumque argenteum
nota sideris Capricorni (quo natus est) percusserit.

Post necem Caesaris reverso ab Apollonia et ingre- **95**
diente eo urbem, repente liquido ac puro sereno
circulus ad speciem caelestis arcus orbem solis ambiit,
ac subinde Iuliae Caesaris filiae monimentum fulmine
ictum est. Primo autem consulatu et augurium capi-
enti duodecim se vultures — ut Romulo — ostende-
runt, et immolanti omnium victimarum iocinera

replicata intrinsecus ab ima fibra paruerunt, nemine peritorum aliter coiectante, quam: laeta per haec et magna portendi.

96 Quin et bellorum omnium eventus ante praesensit. ... Proficiscenti Philippos Thessalus quidam de futura victoria nuntiavit, auctore Divo Caesare, cuius sibi 2 species itinere avio occurrisset. Circa Perusiam, sacrificio non litanti cum augeri hostias imperasset ac subita eruptione hostes omnem rei divinae apparatum abstulissent, constitit inter haruspices: *quae periculosa et adversa sacrificanti denuntiata essent, cuncta in ipsos recasura, qui exta haberent;* neque aliter evenit. Pridie quam Siciliensem pugnam classe committeret, deambulanti in litore piscis e mari exsilivit et ad pedes iacuit. Apud Actium descendenti in aciem asellus cum asinario occurrit; homini Eutychus, bestiae Nicon erat nomen; utriusque simulacrum aeneum victor posuit in templo, in quod castrorum suorum locum vertit.

97 Mors quoque eius, de qua dehinc dicam, divinitasque post mortem evidentissimis ostentis praecognita est. Cum lustrum in campo Martio magna populi frequentia conderet, aquila eum saepius circumvolavit, transgressaque in vicinam aedem super nomen Agrippae ad primam litteram sedit; quo animadverso vota, quae in proximum lustrum suscipi mos est, collegam suum Tiberium nuncupare iussit: nam *se, quamquam conscriptis paratisque iam tabulis*, negavit *suscep-* 2 *turum, quae non esset soluturus.* Sub idem tempus ictu fulminis ex inscriptione statuae eius prima nominis littera effluxit; responsum est, centum solos dies posthac victurum — quem numerum littera C notaret — futurumque ut inter deos referretur, quod „aesar"

(id est reliqua pars e Caesaris nomine) Etrusca lingua
„deus" vocaretur. Tiberium igitur in Illyricum dimis- 3
surus et Beneventum usque prosecuturus, cum interpellatores
aliis atque aliis causis in iure dicendo detinerent,
exclamavit (quod et ipsum mox inter omina
relatum est): *non, si omnia morarentur, amplius se
posthac Romae futurum;* atque itinere incohato
Asturam perrexit, et inde — praeter consuetudinem
de nocte — ad occasionem aurae evectus causam
valitudinis contraxit ex profluvio alvi.

Tunc, Campaniae ora proximisque insulis circuitis, 98
Caprearum quoque secessui quadriduum impendit,
remississimo ad otium et ad omnem comitatem animo.
Forte Puteolanum sinum praetervehenti vectores 2
nautaeque de navi Alexandrina, quae tantum quod
appulerat, candidati coronatique et tura libantes
fausta omina et eximias laudes congesserant: *per
illum se vivere, per illum navigare, libertate atque
fortunis per illum frui.* . . .

Vicinam Capreis insulam „Apragopolim" appella- 4
bat, a desidia secedentium illuc e comitatu suo. . . . Ad- 5
gravata valitudine Nolae succubuit, revocatumque ex
itinere Tiberium diu secreto sermone detinuit; neque
post ulli maiori negotio animum accommodavit.

Supremo die identidem exquirens, *an iam de se* 99
tumultus foris esset, petito speculo capillum sibi comi
ac malas labantis corrigi praecepit; et admissos amicos
percontatus, *ecquid eis videretur mimum vitae commode
transegisse,* adiecit et clausulam:

ἐπεὶ δὲ πάνυ καλῶς πέπαισται, δότε κρότον
καὶ πάντες ἡμᾶς μετὰ χαρᾶς προπέμψατε.

Omnibus deinde dimissis, dum advenientes ab urbe de
Drusi filia aegra interrogat, repente in osculis Liviae et

in hac voce defecit: *Livia, nostri coniugii memor vive ac vale!*, sortitus exitum facilem et qualem semper optaverat. Nam fere quotiens audisset cito ac nullo cruciatu defunctum quempiam, sibi et suis εὐθανασίαν similem — hoc enim et verbo uti solebat — precabatur. Unum omnino ante efflatam animam signum alienatae mentis ostendit: quod, subito pavefactus, *a quadraginta se iuvenibus abripi* questus est. Id quoque magis praesagium quam mentis deminutio fuit, siquidem totidem milites praetoriani extulerunt eum in publicum. Obiit in cubiculo eodem, quo pater Octavius, duobus Sextis, Pompeio et Appuleio, cons., XIIII. Kal. Septemb., hora diei nona, septuagesimo et sexto aetatis anno, diebus quinque et triginta minus.

Corpus decuriones municipiorum et coloniarum a Nola Bovillas usque deportarunt, noctibus propter anni tempus, cum interdiu in basilica cuiusque oppidi vel in aedium sacrarum maxima reponeretur. A Bovillis equester ordo suscepit urbique intulit atque in vestibulo domus collocavit. Senatus et in funere ornando et in memoria honoranda eo studio certatim progressus est, ut — inter alia complura — censuerint quidam, funus triumphali porta ducendum, praecedente Victoria, quae est in curia, canentibus neniam principum liberis utriusque sexus; alii, exsequiarum die ponendos anulos aureos ferreosque sumendos; nonnulli, ossa legenda per sacerdotes summorum collegiorum. Fuit et qui suaderet, appellationem mensis Augusti in Septembrem transferendam, quod hoc genitus Augustus, illo defunctus esset; alius, ut omne tempus a primo die natali ad exitum eius „saeculum Augustum" appellaretur et ita in fastos referretur. Verum adhibito honoribus modo bifariam laudatus est: pro aede Divi Iuli a Tiberio, et pro rostris veteribus a Druso, Tiberi filio; ac senatorum umeris delatus in Campum crematusque. Nec defuit vir 4 praetorius, qui se effigiem cremati euntem in caelum vidisse iuraret. Reliquias legerunt primores equestris ordinis tunicati et discincti pedibusque nudis, ac Mausoleo condiderunt (id opus inter Flaminiam viam 28 ripamque Tiberis sexto suo consulatu exstruxerat circumiectasque silvas et ambulationes in usum populi iam tum publicarat).

13 n. Testamentum L. Planco C. Silio cons. III. Non. **101** Apriles (ante annum et quattuor menses, quam decederet) factum ab eo ac duobus codicibus, partim ipsius, partim libertorum Polybi et Hilarionis manu scriptum depositumque apud se virgines Vestales cum tribus signatis aeque voluminibus protulerunt. Quae omnia in senatu aperta atque recitata sunt. ... Tribus volumini- 4 bus, uno mandata de funere suo complexus est, altero indicem rerum a se gestarum — quem vellet incidi in aeneis tabulis, quae ante Mausoleum statuerentur — tertio breviarium totius imperii, quantum militum sub signis ubique esset, quantum pecuniae in aerario et fiscis et vectigaliorum residuis. Adiecit et libertorum servorumque nomina, a quibus ratio exigi posset.

3. BRIEFE DES AUGUSTUS.

a) an C. Caesar.
(Gellius, Noctes Atticae XV 7.)

... cum librum epistularum divi Augusti, quas ad Gaium nepotem suum scripsit, legeremus duceremurque elegantia orationis neque morosa neque anxia, sed facili hercle et simplici, id ipsum in quadam epistula super eodem anno scriptum offendimus; eiusque epistulae exemplum hoc est:

„IX. Kal. Octobris. Ave, mi Gai, meus asellus iucundissimus, quem semper (medius Fidius!) desidero, cum a me abes. Sed praecipue diebus talibus, qualis est hodiernus, oculi mei requirunt meum Gaium, quem, ubicumque hoc die fuisti, spero laetum et bene valentem celebrasse quartum et sexagesimum natalem meum. Nam, ut vides, κλιμακτῆρα, communem seniorum omnium tertium et sexagesimum annum, evasimus. Deos autem oro, ut mihi, quantumcumque superest temporis, id salvis nobis traducere liceat in statu rei publicae felicissimo, ἀνδραγαθούντων ὑμῶν καὶ διαδεχομένων stationem meam."

b) an Tiberius.
(Sueton, Tiber. 21.)

21 3 (Existimo) circumspectissimum et prudentissimum principem — in tanto praesertim negotio — nihil temere fecisse; sed, vitiis Tiberi virtutibusque perpensis, potiores duxisse virtutes, praesertim cum et rei publicae causa adoptare se eum pro contione iuraverit et epistulis aliquot ut peritissimum rei militaris utque unicum Populi Romani praesidium prosequatur. Ex quibus in exemplum pauca hinc inde subieci.

4 „Vale, iucundissime Tiberi, et feliciter rem gere, ἐμοὶ καὶ ταῖς Μούσαις ταῖς ἐμοῦ πάσαις στρατηγῶν! iucundissime et — ita sim felix — vir fortissime et dux νομιμώτατε, vale!"

5 „Ordinem aestivorum tuorum! Ego vero, mi Tiberi, laudo! Et inter tot rerum difficultates καὶ

τοσαύτην ἀποθυμίαν τῶν στρατευομένων non potuisse quemquam prudentius gerere se, quam tu gesseris, existimo! Ii quoque, qui tecum fuerunt, omnes confitentur, versum illum in te posse dici:
‚Unus homo nobis vigilando restituit rem!'"
„Sive quid incidit, de quo sit cogitandum diligentius, sive quid stomachor: valde — medius Fidius! — Tiberium meum desidero, succurritque versus ille Homericus:

'Τούτου γ' ἑσπομένοιο καὶ ἐκ πυρὸς αἰθομένοιο
ἄμφω νοστήσαιμεν, ἐπεὶ περίοιδε νοῆσαι'".

„Attenuatum te esse continuatione laborum cum audio et lego, di me perdant, nisi cohorrescit corpus meum! Teque oro, ut parcas tibi, ne — si te languere audierimus — et ego et mater tua exspiremus et summa imperi sui Populus Romanus periclitetur. Nihil interest, valeam ipse necne, si tu non valebis. Deos obsecro, ut te nobis conservent et valere nunc et semper patiantur, — si non Populum Romanum perosi sunt."

4. AUGUSTUS-ΣΕΒΑΣΤΟΣ:
RECHT UND FRIEDEN AUF ERDEN.

a) Inschrift von Olympia.
(Dittenberger, Sylloge 351.)

Widmung des achaiischen Bundes auf einer Augustusstatue in Olympia.

Τὸ κοινὸν τῶν Ἀχαιῶν
Αὐτοκράτορα Καίσαρα, θεοῦ υἱόν,
ἀρετῆς ἕνεκεν καὶ εὐνοίας,
ἧς ἔχων εἰς ἀτὸ διατελεῖ,
Διὶ Ὀλυμπίῳ.

b) Inschrift von Halikarnaß; um Christi Geburt.

(Inscriptions in the British Museum Nr. 894.)

Ἐπεὶ
ἡ αἰώνιος καὶ ἀθάνατος τοῦ παντὸς φύσις
τὸ μέγιστον ἀγαθὸν πρὸς ὑπερβαλλούσας εὐεργεσίας
ἀνθρώποις ἐχαρίσατο,
Καίσαρα τὸν Σεβαστὸν ἐνενκαμένη τῷ καθ' ἡμᾶς
εὐδαίμονι βίῳ,
πατέρα μὲν τῆς ἑαυτοῦ πατρίδος
— θεᾶς Ῥώμης —,
Δία δὲ Πατρῷον
καὶ σωτῆρα τοῦ κοινοῦ τῶν ἀνθρώπων γένους,
οὗ ἡ πρόνοια τὰς πάντων εὐχὰς
οὐκ ἐπλήρωσε μόνον,
ἀλλὰ καὶ ὑπερῆρεν·
— εἰρηνεύουσι μὲν γὰρ γῆ καὶ θάλαττα,
πόλεις δὲ ἀνθοῦσιν εὐνομίᾳ ὁμονοίᾳ τε καὶ εὐετηρίᾳ,
ἀκμή τε καὶ φορὰ παντός ἐστιν ἀγαθοῦ,
(ἐλπίδων μὲν χρηστῶν πρὸς τὸ μέλλον,
εὐθυμίας δὲ εἰς τὸ παρὸν
τῶν ἀνθρώπων ἐνπεπλησμένων)
ἀγῶσιν καὶ ἀγάλμασιν,
θυσίαις τε καὶ ὕμνοις —,...

c) Inschrift von Philai.

Epigramm des Catilius, 7. v. Chr. (Kaibel, Epigr. graeca 978.)

Κατιλίου.

Καίσαρι, ποντομέδοντι καὶ ἀπείρων κρατέοντι,
Ζανὶ τῷ ἐκ Ζανὸς πατρὸς Ἐλευθερίῳ,
δεσπότᾳ Εὐρώπας τε καὶ Ἀσίδος, ἄστρῳ ἀπάσας
Ἑλλάδος, ὃς Σωτὴρ Ζεὺς ἀνέτειλε μέγας,
Ἴσιδος ἐν προπύλοισι Κατίλιος ἁγνὸν ἔθηκε
γράμμ' ἀπ' Ἀλεξάνδρου δεῦρο μολὼν πόλιος.

d) Inschrift von Kos, von einem Kastell.

Augustus als Mercurius (Handelsgott).

(Maiuri, Nuova Sylloge Epigrafica di Rodi e Cos [1925] Nr. 466.)

IMP. CAESARI DIVI F. AUG.
MERCURIO SCRUTAREI
Αὐτοκράτορι Καίσαρι Θεοῦ
υἱῷ Σεβαστῷ Ἑρμῇ
γρυτοπώλαι
Προστατοῦντος Διογένους τοῦ
Πολυχάρους φιλοκαίσαρος.

e) Anthologia Palatina VI 236.

(Gedicht eines Philippos.)

Ἔμβολα χαλκογένεια, φιλόπλοα τεύχεα νηῶν,
Ἀκτιακοῦ πολέμου κείμεθα μαρτύρια·
ἤνιδε σιμβλεύει κηρότροφα δῶρα μελισσῶν,
ἑσμῷ βομβητῇ κυκλόσε βριθόμενα.
Καίσαρος εὐνομίης χρηστὴ χάρις· ὅπλα γὰρ ἐχθρῶν
καρποὺς εἰρήνης ἀντεδίδαξε τρέφειν.

f) Velleius II 89, 3.

Finita vicesimo anno bella civilia,
sepulta externa,
revocata pax,
sopitus ubique armorum furor,
restituta vis legibus,
    iudiciis auctoritas,
    senatui maiestas,
    imperium magistratuum ad pristinum redactum
                           modum; ...
prisca illa et antiqua rei publicae forma revocata
rediit cultus agris,

sacris honos,
securitas hominibus,
certa cuique rerum suarum possessio;
leges
emendatae utiliter,
latae salubriter;
senatus
sine asperitate
nec sine severitate lectus.

g) Ara Pacis.
(Ovid, Fasti I 709.)

Ipsum nos carmen deduxit Pacis ad aram.
710   Haec erit a mensis fine secunda dies.
Frondibus Actiacis comptos redimita capillos,
Pax, ades! et toto mitis in orbe mane!
Dum desint hostes, desit quoque causa triumphi:
tu ducibus bello gloria maior eris.
715 Sola gerat miles, quibus arma coerceat, arma,
canteturque fera nil nisi pompa tuba.
Horreat Aeneadas et primus et ultimus orbis:
siqua parum Romam terra timebat, amet!
Tura, sacerdotes, Pacalibus addite flammis,
720   albaque percussa victima fronte cadat.
Utque domus, quae praestat eam, cum pace perennet,
ad pia propensos vota rogate deos!

5. PATER PATRIAE.
(Ovid, Fasti II 119.)

Nunc mihi mille sonos, quoque est memoratus Achilles,
120   vellem, Maeonide, pectus inesse tuum,
dum canimus sacras alterno pectine Nonas:
maximus hic Fastis accumulatur honos.

Deficit ingenium, maioraque viribus urgent:
  haec mihi praecipuo est ore canenda dies.
Quid volui demens elegis imponere tantum   125
  ponderis? heroi res erat ista pedis!

Sancte Pater Patriae, Tibi plebs, Tibi curia nomen
  hoc dedit, hoc dedimus nos Tibi nomen, eques —:
res tamen ante dedit. Sero quoque vera tulisti
  nomina, iam pridem Tu pater orbis eras.   130
Hoc Tu per terras, quod in aethere Iuppiter alto,
  nomen habes: hominum Tu pater, ille deum.

Romule, concedes: facit Hic tua magna tuendo
  moenia — tu dederas transilienda Remo;
te Tatius parvique Cures Caeninaque sensit: 135
  Hoc duce Romanum est solis utrumque latus;
tu breve nescio quid victae telluris habebas:
  quodcumque est alto sub Iove, Caesar habet;
tu rapis, Hic castas duce se iubet esse maritas;
  tu recipis luco, summovet Ille nefas.   140
Vis tibi grata fuit: florent sub Caesare leges;
  tu „domini" nomen, „principis" Ille tenet;
te Remus incusat: veniam dedit hostibus Ille;
  caelestem fecit te pater, Ille patrem.

6. DER TEMPEL APOLLS.

(Properz II 31.)

Quaeris, cur veniam tibi tardior —: Aurea Phoebi
  porticus a magno Caesare aperta fuit —
tanta erat in speciem, Poenis digesta columnis,
  inter quas Danai femina turba senis.
Hic equidem Phoebo visus mihi pulchrior ipso   35
  marmoreus tacita carmen hiare lyra,

atque aram circum steterant armenta Myronis,
    quattuor artifices, vivida signa, boves.
Tum medium claro surgebat marmore templum
40   et patria Phoebo carius Ortygia.
In quo Solis erat supra fastigia currus,
    et valvae, Libyci nobile dentis opus:
altera deiectos Parnasi vertice Gallos,
    altera maerebat funera Tantalidos.
45 Deinde inter matrem deus ipse interque sororem
    Pythius in longa carmina veste sonat.

7. AUGUSTUM SAECULUM.

a) Livius I 1.

1   Facturusne operae pretium sim, si a primordio urbis res Populi Romani perscripserim, nec satis scio, 2 nec, si sciam, dicere ausim, quippe qui cum veterem tum vulgatam esse rem videam, dum novi semper scriptores aut in rebus certius aliquid adlaturos se aut scribendi arte rudem vetustatem superaturos credunt. 3 Utcumque erit, iuvabit tamen rerum gestarum memoriae principis terrarum populi pro virili parte et ipsum consuluisse; et si in tanta scriptorum turba mea fama in obscuro sit, nobilitate ac magnitudine eorum me, qui nomini officient meo, consoler.

4   Res est praeterea et immensi operis, ut quae supra septingentesimum annum repetatur et quae — ab exiguis profecta initiis — eo creverit, ut iam magnitudine laboret sua. Et legentium plerisque haud dubito quin primae origines proximaque originibus minus praebitura voluptatis sint, festinantibus ad haec nova, quibus iam pridem praevalentis populi 5 vires se ipsae conficiunt. Ego contra hoc quoque

laboris praemium petam, ut me a conspectu malorum, quae nostra tot per annos vidit aetas, tantisper certe, dum prisca illa tota mente repeto, avertam, omnis expers curae, quae scribentis animum etsi non flectere a vero, sollicitum tamen efficere posset.

Quae ante conditam condendamve urbem poeticis 6 magis decora fabulis quam incorruptis rerum gestarum monumentis traduntur, ea nec adfirmare nec refellere in animo est. Datur haec venia antiquitati, ut —7 miscendo humana divinis — primordia urbium augustiora faciat; et si cui populo licere oportet consecrare origines suas et ad deos referre auctores: ea belli gloria est populo Romano, ut, cum suum conditorisque sui parentem Martem potissimum ferat, tam et hoc gentes humanae patiantur aequo animo, quam imperium patiuntur. Sed haec et his similia, utcumque 8 animadversa aut existimata erunt, haud in magno equidem ponam discrimine; ad illa mihi pro se quisque 9 acriter intendat animum, quae vita, qui mores fuerint, per quos viros quibusque artibus domi militiaeque et partum et auctum imperium sit; labente deinde paulatim disciplina velut desidentes primo mores sequatur animo, deinde ut magis magisque lapsi sint, tum ire coeperint praecipites, donec ad haec tempora, quibus nec vitia nostra nec remedia pati possumus, perventum est.

Hoc illud est praecipue in cognitione rerum salubre 10 ac frugiferum, omnis te exempli documenta in illustri posita monumento intueri; inde tibi tuaeque rei publicae, quod imitere, capias, inde foedum inceptu, foedum exitu, quod vites. Ceterum aut me amor negotii sus- 11 cepti fallit, aut nulla umquam res publica nec maior nec sanctior nec bonis exemplis ditior fuit, nec in quam

civitatem tam serae avaritia luxuriaque immigraverint, nec ubi tantus ac tam diu paupertati ac parsimoniae honos fuerit: adeo, quanto rerum minus, tanto minus
12 cupiditatis erat. Nuper divitiae avaritiam et abundantes voluptates desiderium per luxum atque libidinem pereundi perdendique omnia invexere.

13 Sed querelae — ne tum quidem gratae futurae, cum forsitan necessariae erunt — ab initio certe tantae ordiendae rei absint; cum bonis potius ominibus votisque et precationibus deorum dearumque (si, ut poetis, nobis quoque mos esset) libentius inciperemus, ut orsis tantum operis successus prosperos darent.

b) Ovid, ars amatoria III 113.

Simplicitas rudis ante fuit; nunc aurea Roma est
    et domiti magnas possidet orbis opes.
115 Adspice, quae nunc sunt Capitolia, quaeque fuerunt:
    alterius dices illa fuisse Iovis.
Curia concilio nunc est dignissima tanto;
    de stipula Tatio regna tenente fuit.
Quae nunc sub Phoebo ducibusque Palatia fulgent,
120   quid nisi araturis pascua bubus erant?
Prisca iuvent alios — ego me nunc denique natum
    gratulor! Haec aetas moribus apta meis:
non quia nunc terrae lentum subducitur aurum
    lectaque diverso litore concha venit,
125 nec quia decrescunt effosso marmore montes
    nec quia caeruleae mole fugantur aquae,
sed quia cultus adest nec nostros mansit in annos
    rusticitas, priscis illa superstes avis.

B.

MAECENAS.

a) Velleius II 88. Erat tunc urbis custodiis praepositus C. Maecenas, equestri, sed splendido genere natus, vir, ubi res vigiliam exigeret, sane exsomnis, providens atque agendi sciens; simul vero aliquid ex negotio remitti posset, otio ac mollitiis paene ultra feminam fluens; non minus Agrippa Caesari carus, sed minus honoratus, quippe vixit angusti clavi honore contentus; nec minora consequi potuit, sed non tam concupivit.

b) Macrobius, Sat. II 4, 12: Augustus quia Maecenatem suum noverat stilo esse remisso, molli et dissoluto, talem se in epistulis, quas ad eum scribebat, saepius exhibebat et contra castigationem loquendi, quam alias ille scribendo servabat, in epistula ad Maecenatem familiari plura in iocos effusa subtexuit: „Vale, mi ebenum Medulliae, ebur ex Etruria, lasar Arretinum, adamas Supernas, Tiberinum margaritum, Cilniorum smaragde, iaspi Iguvinorum, berulle Porsennae, carbunculum Hadriae."

c) Seneca, epist. 114, 4. Quomodo Maecenas 4 vixerit, notius est, quam ut narrari nunc debeat: quomodo ambulaverit, quam delicatus fuerit, quam cupierit videri, quam vitia sua latere noluerit. Quid ergo? Non oratio eius aeque soluta est, quam ipse discinctus? Non tam insignita illius verba sunt, quam cultus, quam comitatus, quam domus, quam uxor? Magni vir ingenii fuerat, si illud egisset via rectiore, si non vitasset intellegi, si non etiam in oratione diffluteret. Videbis itaque eloquentiam ebrii hominis involutam et errantem et licentiae plenam.... Etiam cum absentis Caesaris partibus fungeretur, signum a discincto petebatur — hunc esse, qui in tribunali, in rostris, in omni publico coetu sic apparuerit, ut pallio velaretur caput, exclusis utrimque auribus, non aliter quam in mimo fugitivi divitis solent? Hunc esse, cui — tunc maxime civilibus bellis strepentibus et sollicita urbe et armata — comitatus hic fuerit in publico: spadones duo, magis tamen viri quam ipse?... Maxima laus illi tribuitur mansuetudinis: pepercit gladio, sanguine abstinuit; nec ulla alia re, quid posset, quam licentia ostendit: hanc ipsam laudem suam corrupit istis orationis portentosissimae deliciis. Apparet enim mollem fuisse, non mitem. Hoc istae ambages compositionis, hoc verba transversa, hoc sensus miri (magni quidem saepe, sed enervati) dum exeunt, cuivis manifestum facient: motum illi felicitate nimia caput. Quod vitium hominis esse interdum, interdum temporis solet.

d) Seneca, epist. 101, 10. Illud Maecenatis turpissimum votum, quo et debilitatem non recusat et deformitatem et novissime acutam crucem, dummodo inter haec mala spiritus prorogetur:

> Debilem facito manu,
> Debilem pede coxo:
> Tuber adstrue gibberum,
> Lubricos quate dentes:
> Vita dum superest, bene est.
> Hanc mihi, vel acuta
> Si sidam cruce, sustine.

Quod miserrimum erat, si incidisset, optatur et 12 tamquam vita petitur supplici mora.... Quid sibi 13 vult ista carminis effeminati turpitudo? quid timoris dementissimi pactio? quid tam foeda vitae mendicatio? Huic putas umquam recitasse Vergilium:

Usque adeone mori miserum est?

e) Seneca, de beneficiis 6, 32: Divus Augustus filiam ultra impudicitiae maledictum impudicam relegavit, et flagitia principalis domus in publicum emisit.... Haec non tam vindicanda principi quam tacenda (quia quarundam rerum turpitudo etiam ad vindicantem redit) parum potens irae publicaverat. Deinde cum interposito tempore in locum irae subisset verecundia, gemens, quod non illa silentio pressisset, quae tamdiu nescierat, donec loqui turpe esset, saepe exclamavit: „Horum mihi nihil accidisset, si aut Agrippa aut Maecenas vixisset! Adeo tot habenti milia hominum duos reparare difficile est. Caesae sunt legiones — et protinus scriptae! Fracta classis — et intra paucos dies natavit nova! Saevitum est in opera publica ignibus — surrexerunt meliora consumtis: tota vita Agrippae et Maecenatis vacavit locus!"

f) Dio Cassius 55, 7: Τοῦ Μαικήνου τελευτήσαντος ἤλγησεν (Αὔγουστος). πολλὰ μὲν γὰρ καὶ ἄλλα ἀπ' αὐτοῦ ἀπώνητο, ὅθεν (καίπερ ἱππεῖ αὐτῷ ὄντι) καὶ τὸ ἄστυ ἐπὶ πολὺν χρόνον ἐπέτρεψε, μάλιστα δὲ ὁσάκις ἀκρατοτέρῳ τῷ θυμῷ ἐχρῆτο. τῆς τε γὰρ ὀργῆς αὐτὸν ἀεὶ παρέλυε καὶ ἐς 2 τὸ ἠπιώτερον μεθίστη. τεκμήριον δέ· δικάζοντί ποτε αὐτῷ προσστὰς καὶ ἰδών, ὅτι πολλοὺς θανατώσειν μέλλοι, ἐπεχείρησε μὲν διώσασθαι τοὺς περιεστηκότας καὶ ἐγγὺς οἱ προσελθεῖν· μὴ δυνηθεὶς δὲ ἔγραψεν ἐς γραμματεῖον· „ἀνάστηθι ἤδη ποτέ, δήμιε", καὶ αὐτό, ὡς καὶ ἕτερόν τι ἔχον, ἐς τὸν κόλπον αὐτοῦ ἔρριψεν, ὥστ' ἐκεῖνον μήτ' ἀποκτεῖναί τινα καὶ εὐθὺς ἐξαναστῆναι. οὐ γὰρ ὅπως ἠγανάκτει τοῖς τοιούτοις, ἀλλὰ καὶ ἔχαιρεν, ὅτι, ὅσα αὐτὸς ὑπό τε τῆς ἑαυτοῦ φύσεως καὶ ὑπὸ τῆς τῶν πραγμάτων ἀνάγκης καὶ παρὰ τὸ προσῆκον ἐθυμοῦτο, ταῦτα τῇ τῶν φίλων παρρησίᾳ διωρθοῦτο. μέγιστον δ' οὖν καὶ ἐκεῖνο τῆς τοῦ Μαικήνου ἀρετῆς δεῖγμα ἦν, ὅτι τῷ τε Αὐγούστῳ — καίτοι πρὸς τὰς ὁρμὰς αὐτοῦ ἀνθιστάμενος — ᾠκείωτο καὶ τοῖς ἄλλοις πᾶσιν ἠρέσκετο· πλεῖστόν τε παρ' αὐτῷ δυνηθείς, ὥστε πολλοῖς καὶ τιμὰς καὶ ἀρχὰς δοῦναι, οὐκ ἐξεφρόνησεν, ἀλλ' ἐν τῷ τῶν ἱππέων τέλει κατεβίω. τούτων τε οὖν ἕνεκα ἰσχυρῶς αὐτὸν ὁ Αὔγουστος ἐπόθησε καὶ ὅτι καὶ κληρονόμον αὐτὸν (καίπερ ἐπὶ τῇ γυναικὶ δυσκολαίνων) κατέλιπε καὶ ἐπ' αὐτῷ πλὴν ἐλαχίστων ἐποιήσατο, ἄν τέ τινι τῶν φίλων αὐτοῦ δοῦναί τι ἐθελήσῃ ἄντε καὶ μή. τοιοῦτος μὲν ὁ Μαικήνας ἐγένετο, καὶ οὕτω τῷ Αὐγούστῳ ἐχρῆτο. πρῶτός τε κολυμβήθραν θερμοῦ ὕδατος ἐν τῇ πόλει κατεσκεύασε καὶ πρῶτος σημεῖά τινα γραμμάτων πρὸς τάχος ἐξεῦρε καὶ αὐτὰ δι' Ἀκύλου ἀπελευθέρου συχνοὺς ἐξεδίδαξεν.

g) Martial VIII 56, 5.

Sint Maecenates, non deerunt, Flacce, Marones,
Vergiliumque tibi vel tua rura dabunt.

h) Maecenas an Horaz (Isidorus v. Sevilla XIX 32, 6),

Lucentes, mea vita, nec smaragdos,
Beryllos mihi, Flacce, nec nitentes
Nec percandida margarita quaero
Nec quos Thynica lima perpolivit
Anellos neque iaspios lapillos.

i) Sueton, vita Horati 2. Maecenas, quantopere eum dilexerit, satis testatur illo epigrammate:

„Ni te visceribus meis, Horati,
plus iam diligo, tu tuum sodalem
Ninnio videas strigosiorem";

sed multo magis extremis indiciis tali ad Augustum elogio: „Horati Flacci ut mei esto memor!"

j) **Sueton, vita Horati** 8. (Horatius) humatus et conditus est extremis Esquiliis, iuxta Maecenatis tumulum.

k) **Seneca, epist.** 92, 35: habuit ingenium et grande et virile — nisi illud secundis rebus discinxisset.

l) **Seneca, epist.** 19, 9: ingeniosus ille vir fuit, magnum exemplum Romanae eloquentiae daturus, nisi illum enervasset felicitas, immo castrasset.

m) **Sueton, Augustus** 66. 72. 86.

n) **Horaz,** zahlreiche Stellen (c. I 1; 20; II 12; 17; 20; III 8; 16; 29; epd. 1; 3; 9; 14; sat. I 1; 6; ep. I 1; 7; 19; auch sat. I 10; II 6; 7; 8 u. ö.).

o) **Tacitus, Ann.** I 54; III 30; VI 11; XIV 53.

p) **Properz** III 9.

C.
AGRIPPA.

a) **Inschrift** am Collegium Tullianum (Jesuitenseminar) in Arpino. „Arpinum a Saturno conditum, Romanorum municipium, M. Tullii Ciceronis, C. Marii, M. Vipsanii Agrippae alma patria."

b) **Dio Cassius** 54, 29. Agr. τά τε ἄλλα ἄριστος τῶν καθ' ἑαυτὸν ἀνθρώπων διαφανῶς γενόμενος, καὶ τῇ τοῦ

Αὐγούστου φιλίᾳ — πρός τε τὸ αὐτῷ ἐκείνῳ καὶ πρὸς τὸ τῷ κοινῷ συμφορώτατον — χρησάμενος.

c) Dio Cassius 54, 12. Ὁ δὲ Ἀγρίππας εἰς τὴν αὐταρχίαν τρόπον τινὰ ὑπ' αὐτοῦ (Aug.) προήχθη.... Τῷ Ἀγρίππᾳ ἄλλα τε ἐξ ἴσου πῃ ἑαυτῷ καὶ τὴν ἐξουσίαν τὴν δημαρχικὴν... ἔδωκεν.

d) Velleius II 93. Agrippa..., sub specie ministeriorum principalium profectus in Asiam, ut fama loquitur, ob tacitas cum Marcello offensiones praesenti se subduxerat tempori.

e) Sueton, Tiber. 10. Agrippa... M. Marcello ad munera publica admoto Mytilenas (abiit), ne aut obstare aut obtrectare praesens videretur.

f) Josephus, Antiqu. Jud. XVI 3, 3. Ἀγρίππᾳ γε μὴν ἀνιόντι εἰς τὴν Ῥώμην μετὰ τὴν διοίκησιν τῶν ἐπὶ τῆς Ἀσίας δεκαετῆ γεγενημένην...

g) Velleius II 79. Agrippa... parendi — sed uni — scientissimus, aliis sane imperandi cupidus.

h) Dio Cassius 49, 4. Εἰώθει (Agr.) λέγειν πρὸς τοὺς πάνυ ἑταίρους, ὅτι οἱ πλείους τῶν ἐν ταῖς δυναστείαις ὄντων οὐδένα ἐθέλουσι κρείττω σφῶν εἶναι, ἀλλὰ τὰ μὲν πλείω — ὅσα γε καὶ πρόχειρον τὴν νίκην ἔχει — αὐτοὶ δι' ἑαυτῶν ποιοῦνται, τὰ δὲ δὴ χείρω καὶ ἀτοπώτερα ἄλλοις προστάττουσιν.

i) Dio Cassius 49, 43. Agr. τοὺς ἀστρολόγους τούς τε γόητας ἐκ τῆς πόλεως ἐξήλασεν.

j) Seneca, de beneficiis III 32. Agrippa navali corona insignis unicum adeptus inter dona militaria decus.

k) Inschrift von Ilios (Sylloge 273). Μᾶρκον Ἀγρίππαν, τὸν συγγενέα καὶ πάτρωνα τῆς πόλεως καὶ εὐεργέτην, ἐπὶ τῇ πρὸς τὴν θεὸν εὐσεβείᾳ καὶ ἐπὶ τῇ πρὸς τὸν δῆμον εὐνοίᾳ.

l) Inschrift von Mytilene (IG XII 2176). Ὁ δᾶμος θεὸν σωτῆρα τᾶς πόλιος Μᾶρκον Ἀγρίππαν τὸν εὐεργέταν καὶ κτίσταν.

m) Inschrift vom Agrippamonument vor dem Nordflügel der athenischen Propyläen (IG III 575). Ὁ δῆμος Μᾶρκον Ἀγρίππαν Λευκίου υἱὸν τρὶς ὕπατον, τὸν ἑατοῦ εὐεργέτην.

n) Plinius, naturalis historia 35, 4, 26. Praecipuam auctoritatem publice tabulis fecit ... M. Agrippa, vir rusticitati propior quam deliciis.

o) Seneca, de beneficiis III 32. Tot in urbe opera maxima excitavit, quae et priorem magnificentiam vincerent et nulla postea vincerentur.

p) Inschrift am Pantheon. M · AGRIPPA · L · F · COS · TERTIUM · FECIT.

q) Dio Cassius 53, 27. ... τό τε Πάνθειον ὠνομασμένον ἐξετέλεσεν· προσαγορεύεται δὲ οὕτω τάχα μὲν ὅτι πολλῶν θεῶν εἰκόνας ἐν τοῖς ἀγάλμασι, τῷ τε τοῦ Ἄρεος καὶ τῷ τῆς Ἀφροδίτης, ἔλαβεν· ὡς δ'ἐγὼ νομίζω, ὅτι — θολοειδὲς ὂν — τῷ οὐρανῷ προσέοικεν.

r) Seneca epist. 94, 46. M. Agrippa, vir ingentis animi, qui solus ex iis, quos civilia bella claros potentesque fecerunt, felix in publicum fuit, dicere solebat multum se huic debere sententiae: „... nam concordia parvae res crescunt, discordia maximae dilabuntur." (Sallust, Iugurtha 10).

s) Horaz c. I 6. Sat. II 3, 185. ep. I 6, 26; I 12.

t) Sueton Aug. 16, 25, 29, 35, 42, 63, 64, 66, 94, 97.

Zeittafel

um 70	C. Maecenas geboren
70	Vergil geboren
65	Horaz geboren
64/63	M. Vipsanius Agrippa geboren
63	C. Octavius (Augustus) geboren
59	T. Livius geboren
um 47	Sextus Propertius in Asisium (Assisi) geboren
44	Ermordung Caesars
43	Bellum Mutinense gegen den Caesarmörder D. Brutus Triumvirat: Octavian — Antonius — Lepidus Ovid geboren
42	Sieg bei Philippi über die Caesarmörder
41	Bellum Perusinum. Kriegerische Auseinandersetzungen zwischen dem von der Familie des Antonius ausgehobenen Heer und Augustus
40	Vertrag von Brundisium zwischen Augustus und M. Antonius
39	Vertrag von Misenum zwischen Augustus und S. Pompeius
38 - 36	Krieg gegen S. Pompeius. 36 Endsieg über Pompeius bei Naulochos
37	Vertrag von Tarent mit M. Antonius Verlängerung des Triumvirats um 5 Jahre
31	Schlacht bei Actium. Sieg über M. Antonius
30	Fall von Alexandria. Freitod des Antonius und der Kleopatra
29	Schließung des Janustempels. Triumph des Augustus
27	Rückgabe der außerordentlichen Gewalt vor dem Senat Annahme des Prinzipats. Titel: Augustus
23	Augustus legt Konsulat nieder, erhält die tribunicia potestas auf Lebenszeit
20	Rückgabe der unter Crassus verlorenen römischen Feldzeichen durch die Parther
19	Tod des Vergil
17	Ludi saeculares. Feier des Anbruchs eines neuen Zeitalters
16	Niederlage des Lollius gegen die Germanen
12	Tod des Lepidus Tod des Agrippa Augustus wird zum Pontifex Maximus gewählt
9	Die Ara pacis wird geweiht Tod des Drusus
8	Tod des Maecenas und Horaz
vor 2	Tod des Propertius
2	Augustus erhält den Titel pater patriae (zur 25jährigen Wiederkehr der Begründung des Prinzipats)
2	Tod des L. Caesar ⎱ vorgesehene Nachfolger des Tod des M. Caesar ⎰ Augustus
4 - 5	Tiberius führt die Germanenkriege
9	Varusschlacht im Teutoburger Wald
14	Tod des Augustus
17	Tod des Livius
18	Tod des Ovid